Paul Naetebusch
Mein Potsdam

neu herausgegeben von
Kurt Baller & Karl Heinz Bretschneider

© docupoint Verlag
Otto-von-Guericke-Allee 14
39179 Barleben

ISBN 978-3-86912-047-8

Herausgeber	Kurt Baller & Karl Heinz Bretschneider
Titel	Mein Potsdam
Layout	Reprint von Paul Naetebusch
Umschlag	Marco Borchardt
Druck	docupoint GmbH, 2014

Alle Rechte vorbehalten.
Kein Teil dieses Buches darf in irgendeiner Form (Druck, Fotokopie oder einem anderen Verfahren) ohne schriftliche Genehmigung der docupoint GmbH reproduziert oder unter Verwendung elektronischer Systeme, verarbeitet, vervielfältigt oder verbreitet werden.

Paul Naetebusch

Mein Potsdam

neu herausgegeben von
Kurt Baller & Karl Heinz Bretschneider

Inhaltsverzeichnis.

	Seite
Auf der Waisenbrücke	5
Potsdamer Schuljahre	30
Das war die Garde	56
Verklungenes Wirtshausleben	74
Wochenmarkt in alter Zeit	99
An der Mauer	106
Potsdams Entwickelung in der Teltower Vorstadt	128
Im schönen Havellande	135

Auf der Waisenbrücke.

Die harte Zeit der Gegenwart auf kurze Zeit vergessen zu machen, eignet sich nichts besser, als ein Versenken in historische Erinnerungen und ein Vertiefen in die unerschöpflichen Naturschönheiten unseres Havelparadieses, das leider vielfach mehr von Fremden als von den Potsdamern selbst gewürdigt wird.

Ein so recht zum Nachdenken an die Vergangenheit und zu friedvoller Betrachtung geeignetes Plätzchen ist die Waisenbrücke. Nicht, als ob es nicht noch erhabenere Aussichtspunkte gäbe. Nein, wahrlich, Potsdam ist nicht arm an solchen, Belvederes, Kirchtürme und Höhenzüge gibt es bei uns in großer Zahl, durch welche

Auge und Gemüt erquickt werden. Die Waisen=
brücke ist jedoch bisher wohl weniger beachtet
worden, obwohl sie und ihre Umgebung für den
Historiker und Naturfreund ebenfalls reiche An=
regung spendet.

Bei der Niederschrift dieser Betrachtung
mischen sich persönliche und berufliche Erlebnisse
mit der Wirklichkeit, wie sie jedem Beschauer
noch vor Augen steht, oder mit der bei vielen
Aelteren noch in treuer Erinnerung bewahrten
Vergangenheit. Im großen Militärwaisenhaus
hat der Großvater des Verfassers im ersten
Drittel des vorigen Jahrhunderts als Dr. theol.
im Lehramt gewirkt. Dort wohnte auch sein
alter Naturgeschichtslehrer Stolzenburg. In dem
vormals an der öffentlichen Heerstraße gelegenen
Gasthof „Zum weißen Schwan" in der Waisen=
straße hat der Stadtchronist im April 1861
als Schwanenwirtssohn das Licht der Welt er=
blickt. Zur mehrjährigen Vorbereitung für die
künftige Gymnasialzeit trippelten die Füße des
kleinen A=B=C=Schützen so manches Mal mit
lernbegierigen Altersgenossen über die noch nur
als Exerzierplatz dienende schmucklose Garnison=
Plantage. An der Ecke der Spornstraße wohnte
der durch die Gefangennahme einer Räuberbande
im Küchengange des Teehäuschens im Neuen

Garten, unweit der Meierei am Haveluser, bekannt gewordene Polizeikommissarius Dirksen, dessen Sohn Paul zu den intimsten Schulfreunden in unvergeßlicher Gymnasialzeit rechnete. Als Pastor und Schwiegersohn des verstorbenen Schornsteinfegermeisters Jinke wird Paul Dirksen vielen Potsdamern auch nach seinem Tode noch in ebenso guter Erinnerung sein, wie sein erst unlängst von seiner Amtstätigkeit an der St. Nikolai-Kirche nach auswärts in ein anderes Pfarramt übergetretener Sohn.

Beruflich lenken die Blicke des Verfassers, der nun täglich unter den Kanal-Kastanien zu seiner Berufsstätte, der Redaktion der „Potsdamer Tageszeitung" schreitet, sich von der Brücke die Waisenstraße aufwärts bis zu dem ihrem Auslauf nahen Justizplatz in der Kaiser-Wilhelm-Straße, in dem er am Bericherstattertisch vier Jahrzehnte lang unter oft recht schwierigen Umständen gewirkt hat. Das war besonders bei Sensationsprozessen der Fall, die sich tagelang, und oft bis in die Nacht hinein ausdehnten.

Vieles ließe sich davon erzählen. Die Leser der „Potsdamer Tageszeitung" harrten abends auf möglichst ausführliche Berichte über den Gang des Prozesses vom selben Tage. Da gab es keine Pause für leibliche Bedürfnisse. Boten und Setzerlehrlinge tauchten fortgesetzt auf, um frisches Manuskript den eilfertig hastenden Händen unter den Fingern hinwegzuziehen. So konnte es wohl kommen, daß mitfühlende und verständnisvolle Zuhörerinnen — denn man saß jahrelang zwischen der Zuhörermenge eingekeilt und hatte am knappbemessenen Klapp=Pult seiner ernsten Pflicht zu genügen — dem nervös aufzuckenden Berichterstatter behutsam ein paar Schokoladenstücke zwischen die Zähne schoben: „Sie essen ja gar nichts — das können Sie doch gar nicht aushalten" waren die entschuldigenden Begleitworte. Zur Ablehnung war es zu spät, und wenn schon, es bekam vortrefflich. Und sollten die freundlichen Spenderinnen diese Zeilen zu Gesicht bekommen, so seien sie heute nochmals herzlich bedankt.

Viele dieser Prozesse werden noch in teilweiser Erinnerung sein. Darunter der viertägige Brandstifterprozeß aus Werder, in den angesehene dortige Einwohner verwickelt waren, und der ferner gegen den Berichterstatter eine Anklage wegen „vorzeitiger" Mitteilungen zur Folge hatte, die aber mit Freisprechung endete. Dann kam der Spuk von Resau, dessen „Held" der 16jährige Wolter war. Er war als der „Geist" entlarvt worden, der Kohlrüben, Kohlen=

stücke und selbst eine Bratpfanne mit unsichtbarer Hand durch die Luft schwirren ließ. Sein Spuk brachte dem Resauer Krugwirt volle Kassen und dem entlarvten Spukgeist selbst eine Haftstrafe wegen Verübung groben Unfugs ein. Zum Prozeß waren Berichterstatter aller großen Zeitungen, auch Anhänger des Spiritismus, in großer Zahl vertreten. Als ein Zeuge der u. a. als corpus delicti auf dem Zeugentisch liegenden Bratpfanne zu nahe kam und diese klirrend zu Boden rasselte, ertönte es, wie aus einem Munde im Zuhörerraum: "Es spukt!"

Ein anderer bemerkenswerter Prozeß war die Geisterbeschwörung am Teufelssee. Der Sohn einer Potsdamer Töpferfamilie war durch Romanlesen auf Irrwege geraten. Er lockte eine 30jährige Schneiderin aus Berlin nach dem Teufelssee am Ravensberge. Um die Mitternachtstunde würde ihr da, wenn sie dreimal riefe: "Geist erscheine", der Geist vom Teufelssee entgegentreten und ihr einen Becher mit einem unfehlbaren Liebestrank darbieten. Die 30jährige Berlinerin, der der abwegige Phantast natürlich selbst in entsprechender Vermummung den Becher reichte, handelte auch nach Vereinbarung. Sie wurde später, schon von Füchsen benagt, am Ufer des Teufelssees als Leiche aufgefunden, während der „Geist" inzwischen ihre Wohnung — darum allein war es ihm zu tun gewesen — ausgeräumt hatte.

Ein anderer Mordprozeß betraf einen ebenfalls durch schlechte Lektüre verdorbenen Schriftsetzer aus Potsdam, der in einer Bornstedter Villa die Schauspielerin Rudolphi ermordete und sich zu diesem Zwecke völlig entkleidet hatte. Er floh über Bornim und Lindstedt durch die Maulbeer-Allee nach Potsdam zurück völlig nackt, wurde unterwegs durch eine Militärpatrouille als vermeintlicher Geisteskranker angehalten und, in einen Militärmantel gehüllt, heimgeleitet. Seine sämtlichen Sachen hatte er in der Mordvilla zurückgelassen. Er entkam später bis München, wo seine Festnahme rein zufällig bei Verübung eines Fahrraddiebstahls erfolgte.

Alle die durchlebten Prozesse anzuführen, würde zu weit führen. Unvergeßlich ist die feierliche Verkündung eines Todesurteils, während bei einem schweren Gewitter grelle Blitze durch die Oberlichtscheiben in den Schwurgerichtssaal zuckten. Große Aufregung entstand ein anderes Mal, als ein Angeklagter, der nicht wunschgemäß vom Arbeitshaus befreit war, im Strafkammersaal als Untersuchungsgefängener die

Holzpantinen auszog und sie mit Heftigkeit gegen die Brust des Landgerichtsdirektors Diktus warf, so daß die Sitzung unterbrochen werden mußte.

Tagelang dauerte auch der ungemein großes Aufsehen erregende Prozeß gegen den Prokuristen eines der angesehensten Potsdamer Bankhäuser, dessen Inhaber sich erhängt hatte, nachdem verschiedene bedeutende Depots verschwunden waren. Der Ruf der Firma war so über jeden Zweifel erhaben gewesen, daß die ersten Potsdamer Kreise zu ihrer Kundschaft gehört hatten. Um so peinlicher wirkte die Ueberraschung, wohinzu nun noch die unvermeidliche Zeugenschaft vieler Standespersonen vor Gericht kam. Der Verlauf dieses Prozesses wurde von der „Potsdamer Tageszeitung" tagsüber durch Extrablätter bekanntgegeben, so groß war die Spannung.

Erwähnenswert ist vielleicht noch der wie das Hornberger Schießen verlaufene Prozeß gegen einen Hotelwirt, dem das Dulden von „Schönheits-Abenden" zur Last gelegt war. Einen solchen Zulauf hatte noch niemals ein Prozeß gehabt. Die Straße vor dem Landgericht stand vom Nauener bis zum Jägertor schwarz voll Menschen. Daß unter solchen Umständen der Zuhörerraum und Treppen nebst Korridoren überfüllt waren, darf nicht wundernehmen.

Die Sensationslust kam aber nicht auf ihre Rechnung, denn die erwarteten Bloßstellungen traten nicht ein und der Stadtklatsch erlitt eine gröbliche Niederlage.

Von noch manchem anderen Mordprozeß sowie interessanten Spieler- und Kurpfuscherprozessen, auch den Disziplinarkammer-Prozessen gegen Assessor Wehlan und später gegen Jesko von Puttkamer wegen Vorkommnisse im überseeischen Schutzgebiet zu schweigen, sei nur noch an vier Strafprozesse erinnert, wegen eigenartiger Begleitumstände. In Zühlsdorf bei Treuenbrietzen war ein Mord geschehen. Angeklagt und — besonders durch einen Polizeihund — ganz eklatant überführt waren zwei Personen, die wegen Mordes bzw. Anstiftung dazu angeklagt waren. Die Verteidiger hielten den Geschworenen vor, daß trotz erwiesener Täterschaft nimmer aufzuklären sei, wer von den beiden Tätern nun aber der Mörder und wer der Anstifter sei. Daher mußten sie wohl oder übel beide für nichtschuldig erklärt werden — und so kam es denn auch, daß trotz erwiesener Tat die Freisprechung erfolgen mußte.

In einem zweiten Falle waren 2 Handwerksburschen des gemeinsamen Raubmordes gegen einen Reisegefährten beschuldigt worden. Erwiesen war, sie hatten sich beide verabredet, während sie ihr Opfer in Geltow zum Betteln ausschickten, ihn in der Pirschheide in ein Dickicht zu locken und zu töten. Verabredungsgemäß fielen dort auch beide über ihn her, erdrosselten ihn mit seinen eigenen Hosenträgern, indem beide gleichzeitig die Schlinge zuzogen, und hingen dann die Leiche an einen Baum, nachdem sie sich vorher die Kleider sowie die Papiere und einige Bettelpfennige zugeeignet hatten. Einer der Täter wurde bald gefaßt. Er war noch unbestraft und geständig, schob aber die Hauptschuld auf den schon schwer vorbestraften Komplicen Noack. Gegen ihn verneinten die Geschworenen die Ueberlegung bei Begehung der Tat und billigten ihm überdies mildernde Umstände zu, so daß als Höchststrafe 5 Jahre Gefängnis zulässig waren, auf die das Gericht auch erkannte. Noack kam später vor ein anderes Schwurgericht, das die Ueberlegung bejahte. Die Folge war gegen ihn ein Todesurteil. Und beide hatten doch das gleiche getan.

Auch der jetzt mit dem Hauptmann von Cöpenick im Berliner Kriminal-Museum als Wachsfigur ausgestellte Raubmörder Henning, über dessen Treiben die „Potsdamer Tageszeitung" seinerzeit viel zu berichten hatte, wurde hier zum

Tode verurteilt und später in Plötzensee enthauptet. Das Potsdamer Schwurgericht wurde zuständig wegen eines im Walde zwischen Wannsee und Kleinglienicke verübten Raubmordes. Er hatte in Berlin durch seine kühne Flucht über die Dächer lange Zeit eine Großstadtsensation gebildet, bevor er schließlich aus Stettin hierher eingeliefert wurde.

Der vierte Fall, mit dem die Gerichtserinnerungen schließen sollen, hatte nicht minder ganz Potsdam in Aufregung versetzt. In der Alten Luisenstraße hatten städtische Abfuhrkutscher einen Steinmetz vor einem Lokal an Messerstichen verblutend neben einem Baum aufgefunden. Sie lieferten ihn ins St. Josephs-Krankenhaus ein, woselbst er alsbald verstarb. Andern Tages konnte die Kriminalpolizei zwei angesehene Handwerksmeister, einen Töpfermeister und einen Bauunternehmer, als Täter feststellen. Es war eine Folge vom Vierblattspiel.

Doch zurück zur Waisenbrücke und zu freundlicheren Bildern, vorbei auf dem Rückwege an der früheren Brauerei von W. Senst, an deren Weißbier sich schon unsere Vorfahren mit Behagen gelabt haben, an der seit 63 Jahren bestehenden Weinhandlung von Carl Schäfer Nachf., an dem großen Kasino, in dessen glanzvollen

Räumen viele Feste der ersten Gesellschaftskreise gefeiert wurden, vorbei auch an dem von J. Lüders im vornehmen Stil erbauten Café Bismarck, dessen Billard-Tunnel und einladender Terrassenvorbau die in der nahen Kriegsschule weilenden Fähnriche anlockten. Die Kriegsschule und daneben die Garnisonschule haben mit der Zeit Raum geben müssen für die jetzt nahe der Brücke errichteten Gebäude des Lyzeums und des Rechnungshofes des Deutschen Reiches, das das ehemals Dirksensche Eckhaus an der Spornstraße begrenzt.

Wenden wir die Blicke zunächst weg von der Waisenstraße und lenken sie kanalaufwärts. Versetzen wir uns in die Maienzeit. An den Ufern des Stadtkanals haben die alten Kastanien sich mit sattem Grün geschmückt, das sich von den über das Geländer neigenden Zweigen im Gewässer anmutig widerspiegelt. Schon haben die Bäume ihre Kerzen aufgesteckt und geben der Uferlandschaft einen neuen Reiz. Der Blick von der Brücke auf diese einzigartige Uferpromenade wirkt schön zu jeder Jahreszeit, sowohl im sommerlichen Sonnenglanz, als auch, wenn der Herbst das Laub malerisch zu färben beginnt, und der Mond an schönen Abenden darüber sein magisches Licht ausbreitet. Schwäne sind jetzt seltene Gäste geworden. Welche anmutigen Bilder, wenn die stolzen Elternpaare nach beendigter Brutzeit mit ihrem jungen Nachwuchs das Kanalbild belebten! Wie vertraut waren die Tiere mit den Ufergästen, besonders der Schuljugend, die ihnen von ihrem Frühstücksüberfluß spendete. Zur Winterzeit stiegen die Schwäne die Treppen hinauf, um an den Ufern und selbst vor den Fenstern der Anwohner ihren Tribut zu fordern. Ein paar Enten bilden gegenwärtig einen spärlichen Schwanenersatz. Wie stimmungsvoll, wenn die Fischer ihren beutebeladenen Kahn vom Kiezer Viertel her dem Fischmarkt zuführen oder Miets-, Sport- und Privatboote unterm Laubdach der Promenadenbäume eine Lustfahrt durch die Stadt unternehmen, ihre Fahrzeuge dabei abends oft mit Lampions geschmückt.

Vergessen waren, wie auch gegenwärtig, dann die Zeiten, von denen ein Einsender im alten „Potsdamer Intelligenzblatt" einmal seufzend ausrief:

O Stadtkanal, o Stadtkanal,
Du stinkst doch wirklich zum Skandal.

Ja, der gewissenhafte Chronist darf es nicht leugnen, der Kanal kann hin und wieder auch solche verärgerte Stimmungen auslösen. Dies war oft der Fall, wenn zu dürren Zeiten der

Wasserstand sank und das Kanalbett so manches den Blicken preisgab, was nicht hineingehörte, und gar noch üble Gerüche diesen Anblick begleiteten. Die Stadt sorgte dann stets für Ausbaggerung und riskierte in einem Jahre sogar eine Stauanlage mit Lokomobilenbetrieb. Auch die Rattenplage wird hier und da von Anwohnern beklagt. Besonders regte sich auch stets der Widerspruchsgeist gegen das fernere Fortbestehen des Kanals, wenn er ein hineingefallenes Kind zum Opfer gefordert hatte. Da tauchten dann allerlei Projekte auf von Zuschüttung und Herstellung einer Schmuckanlage, von Uebermauerung usw. Es änderte sich aber nichts, einerseits wegen der Kostenfrage, besonders aber auch aus praktischen Erwägungen in betreff Regelung der Grundwasserverhältnisse sowie nicht zuletzt in Beachtung der überwiegend für Erhaltung des alten Potsdamer Wahrzeichens eintretenden Stimmen. Seitdem nicht mehr alle möglichen Abwässer und Unrat dem Kanalbett zugeführt werden, haben die Verhältnisse sich auch merklich gebessert. Nur wenn nach großen Regengüssen die Notauslässe geöffnet werden, um die Tagewässer hineinzuleiten, trübt die Wasserfläche sich in weniger anziehender Weise. Wie hat sie sich aber zur Winterszeit oft bewährt, wenn sie nach dem anhaltenden Flockensegen ungeheure Schneemengen aufnahm, die sonst mit vieler Mühe und großen Kosten den entfernten Schneeabladeplätzen hätten zugeführt werden müssen. Kurze Uebergänge verminderter Annehmlichkeit sollten deshalb die Freude an unserem doch zumeist so idyllisch wirkenden Stadtkanal nicht andauernd vergällen.

Daß die Verhältnisse auch einigermaßen erträglich sein müssen, beweist die Bevorzugung der Uferpromenaden durch Fußgänger, aber auch die Reihe stattlicher Patrizierhäuser, die sich auf der Nordseite von der Waisenbrücke bis zur Kellerbrücke erstrecken, abschließend hinter der alten Brauerei von Burghalter, später Lamm, mit dem stattlichen Offizierskasino des Regiments der Gardesdukorps. An der Nauener Brücke wird der Ausblick von der Waisenbrücke mit der Nikolai-Kuppel als hervorragenden Hintergrund, begrenzt links von der Hofbuchhandlung von Aug. Heinr. Pusch, rechts von der Damenkonfektionsfirma L. Parlasca, Potsdamer Namen von gutem, altem Klang. War der altehrwürdige Pusch langjähriger Stadtverordneten-Vorsteher, so Parlasca sein bewährter Stellvertreter in diesem verantwortungs- und ehrenvollen Amt. Erinnerungen werden wach an Stadtverordnetenzeiten von gut bürgerlichem Einschlag, noch ohne jede politische Beimischung. Boie war Oberbürgermeister, Zehrmann Bürgermeister, dazu die Stadträte Vorkastner, der spätere Bürgermeister, und Jackstein. In der Versammlung saßen u. a. Hofbaumeister Petzholtz, Gasanstaltsdirektor Blume, Justizrat Engels, Hofschlossermeister Reichner, Malermeister André, Klempnermeister Graumann, der Senior Köppen sowie die Herren Krämer, Prätorius, Nücken, Steinbach und Stechert vom Rechnungshof bzw. von der Oberrechnungskammer und der Regierung. Die erste politische Färbung entstand erst nach dem Eintritt des antisemitischen Kaufmanns Ernst Frölich und des Justizrats Dr. Friedländer, zwischen denen besonders erregte Schächtdebatten entstanden. Neben Pusch darf die dichtangrenzende, seit etwa 100 Jahren bestehende Weinfirma von Zaelke nicht vergessen werden, und näher zur Brücke erinnert das Speditionsgeschäft von Jordan an die alte Speditionsfirma von Balthasar. Auf der Parlasca-Seite tritt das monumentale Gebäude der Preuß. Oberrechnungskammer in den Vordergrund, dem sich nach der Plantage als Eckhaus die alte militärische Montierungskammer anschloß.

Kanalabwärts vom Brückenstandort zeigt sich ein ebenso eindrucksreiches Bild. Rechter Hand streift das Auge die schon erwähnten Gebäude, Lyzeum, Rechnungshof und vor allem das durch seine riesenhafte Ausdehnung sich geltend machende Militärwaisenhaus, dessen Geschichte der Verfasser erst unlängst aus Anlaß der 200jährigen Jubiläumsfeier in der „Potsdamer Tageszeitung" ins Gedächtnis zurückgerufen hat. Nach dieser Richtung schließt der Ausblick von unserem erwählten Standort eigentlich mit der Breiten Brücke ab, der einzigen Kanalbrücke, die eine besonders dekorative Form wahrt. Sie wurde 1765 erbaut und erhielt steinerne Brustgeländer mit sechs sandsteinernen Gruppen römischer Soldaten. Auch der „Ochsenkopf" taucht noch auf. So nannte der Volksmund nach den dekorierenden Ochsenschädeln das an der Ecke, zwischen der Breiten- und Priesterstraße stehende ehemalige Direktionshaus der früheren Königl. Preuß. Gewehrfabrik, die sich auf dem Gelände der späteren Kaserne des 1. Garde-Regiments z. F. befand.

Die Erinnerungen führen uns aber darüber hinaus, vorbei an dem Schulgebäude, das früher die „Höhere Bürgerschule" und daneben auch die „Elementarschule" barg, vorbei auch an den alten Fischerhäusern mit den Bootsanlegestellen bis an die Einmündung des Stadtkanals auf den Steinhof am Kiez. Wie selbst ein Steinhof zum Idyll gemacht werden kann, dieses Zauberstücklein brachte der ob seines urwüchsigen, sonnigen Humors nicht bloß in Kreisen der Stadt- und Kirchenverwaltung gleichwie des Potsdamer Männer-Gesangvereins hochgeschätzte Fritz Werner in so manchem Jahr an schönen Sommerabenden fertig. Unvergeßliche Abende waren es für jeden, der dabei sein durfte. Der Zutritt zum Festplatz war nicht ganz ungefährlich, denn am Eingang lag ein fürchterliches Drachen-Ungetüm, das Schalk Werner in seinem Waldrevier zur Strecke gebracht und durch malerische Finessen täuschend ähnlich hatte gestalten lassen. Zu einem Kampf mit dem Drachen kam es denn auch niemals. Welche Ueberraschung bot sich aber dem erstmaligen Teilnehmer an einem Steinhofabend beim Betreten der gastlich hergerichteten Stätte. Von Steinhaufen zu Steinhaufen waren Leinen gespannt, an denen bunte Lampions hingen, Flaggenschmuck vervollständigte das freundliche Bild. Lange Tafeln auf einfachen Gestellen mit übergelegten Brettern standen zum Empfang der Gäste bereit, für deren Bewirtung ebenfalls originell und praktisch vorgesorgt war. Aus dampfenden Wassereimern wurden warme Würstchen „frei Hand" gegriffen und dazu edler Gerstensaft frisch

vom Faß verzapft, so daß gar bald die urgemüt=
lichste Stimmung geschaffen war, die im Laufe des
Abends bei frohem Liederschall immer gehobener
wurde. Wie packend wirkten da bei sinkender
Sonne in der Stille des Abends am lauschigen
Havelstrand unter Leitung Meister Gebhardts
die alten oft — auch vom Seidel=Quartett am
schönen Sommerabend an mancher gastlichen
Stätte — so oft gehörten vertrauten Weisen.
Wenn feierlich das Ave Maria: „Es sinkt der
Tag, zum letzten Mal — bescheint die Sonne
noch Feld und Wald" erklang oder die stille
Weise des Schlafliedes fürs Peterle: „Summ,
summ, der Sandmann geht — ach wie dunkel,
ach wie spät", verhallte oder das Hochamt im
Walde: „Wie ists im Wald so kirchenstill —
kein Baum, kein Blatt sich rühren will" dem
feierlichen Abendempfinden Rechnung trug. Bald
wechselten dann an neckischen und lustigen Ge=
sängen: „Rothaarig ist mein Schätzelein — rot=
haarig wie ein Fuchs" — „Im Fliederbusch ein
Vöglein saß — in der stillen, schönen Maien=
nacht" — „Schön Rotraud" — „Mägdlein, hab'
acht", „Das Ringlein sprang entzwei", „Maidle,
laß dir was erzähle — gib mer auf dei Herzle
acht". — Wem jemals vergönnt war, eine solche
Abendstimmung am lauschigen Steinhofufer beim

Kiez mit zu genießen, dem drängt sich wohl mit dem Verfasser der brennende Wunsch aus tiefster Seele auf die Lippen:

> Ach blüh' noch einmal heut'
> Du gute, alte Zeit — —

Als Gegenstück kann das am andern Kanalufer befindliche Vordergrundstück des Kommerzienrats Hoffbauer nicht übersehen werden, des hochherzigen Gründers der Stiftungen auf Hermannswerder.

Das Hauptaugenmerk des Beobachters auf der Waisenbrücke beansprucht natürlich der himmelwärts aufstrebende Garnisonturm und das ihm angegliederte Gotteshaus mit dem davor ausgebreiteten Schmuckplatz der Plantage. Im Anblick der Ruhestätte zweier Hohenzollernfürsten von so hervorragender geschichtlicher Bedeutung, deren Schöpfungen ringsum ihr hehrstes Denkmal bilden, der idealen Gedächtnisstätte an die unvergeßliche Königin Luise, der zu Ehren alljährlich dort die Trauungen der Luisen-Brautpaare erfolgt, Preußens Ruhmeshalle mit ihrem Schatze aller in siegreichen Ringen eroberter Feindesfahnen, überwältigt die Macht und Fülle der Erinnerungen jedes warm fühlende Patriotenherz.

Hier haben die Mitglieder unserer Kaiserfamilie und ihre Vorfahren gar oft zu den mannigfachsten Anlässen in frommer Andacht die Hände zum Gebet gefaltet. Hier wird jetzt alljährlich des Heimganges unserer Kaiserin in treuer Erinnerung gedacht. Hierhin kehren die Erinnerungen aller derer zurück, denen es vergönnt war, in Potsdam den Rock des Königs zu tragen, nachdem sie an dieser geheiligten Stätte den Treueid geleistet hatten. Hier hat ein gewaltiger Kanzelredner, Hofprediger Rogge, eine ganze Lebensdauer packende Worte an Hohenzollernsprossen und ihre Soldaten gerichtet, bei sonntäglichen Gottesdiensten und feierlichen Anlässen vielseitiger Art, bis ihm selbst an dieser geweihten Stätte nach mehr als 50jähriger Amtstätigkeit als stillem Schläfer angesichts seiner vor dem Altar aufgebahrten sterblichen Hülle in der Zeit schwerster vaterländischer Not der die Gedächtnisrede haltende Hofprediger Richter zurief: „Bernhard Rogge, stehe auf und hilf mit deinem machtvollen Wort!" Diese Mahnung enthielt wohl die schönste Würdigung der Persönlichkeit des auch in seiner Gemeinde und weit über die Grenze unserer Stadt unvergessenen Geistesheros, dem seine Mitwirkung bei der Kaiserproklamation in Versailles einen Namen von geschichtlicher

Bedeutung verliehen und dauernd Beziehungen zum Hofe gegeben hatte. Neben Rogge darf sein Amtsbruder, Hofprediger Strauß, der vor ihm von derselben Stätte seines gesegneten Wirkens nach ergreifender Gedächtnisfeier von der dankbaren Gemeinde zur friedvollen Ruhestätte begleitet war, nicht unerwähnt bleiben. Es muß auch des noch mit Feuereifer in Dresden wirkenden Hofpredigers Keßler, des warmherzigen Soldaten- und Jugendfreundes, gedacht werden, für dessen gutes Andenken in der Gemeinde am besten die überfüllte Kirche anläßlich seiner Gastpredigt am 2. Maiensonntag des Jahres 1924 sprach. Aus der Garnisonkirche wurde auch Generaloberst von Kessel, der Oberbefehlshaber in den Marken, zur letzten Ruhestätte geleitet.

Die militärische Bedeutung der Garnisonkirche trat überzeugend neu hervor, als vor ihren Pforten im Juni 1924 das Kriegerdenkmal des 1. Garde-Regiments z. F. enthüllt wurde. An derselben Stätte, an der sich alle Truppenteile der Garnison allsonntäglich zum Kirchgang sammelten, bildet dieses Denkmal jetzt ein mahnendes Symbol für Macht und Größe unseres teuren, geliebten Vaterlandes unter dem Szepter der Hohenzollern und ihres ruhmvollen Heeres.

Zur Sommerzeit halten neue elegante Rundreiseautos auf diesem Kirchenplatz, deren Insassen, meist Fremde, ihrer Schaulust genügen wollen. Da schweifen die Gedanken zurück, als vor der Kriegszeit, bald nach dem Besuch englischer Bürgermeister, die mit dem Potsdamer Männergesangverein an Bord von Wannsee nach Potsdam eingeholt waren, auch die französische akademische Jugend der Haupt- und Residenzstadt Potsdam als Gäste der Stadt eintraf und außer Schloß Sanssouci und anderen Sehenswürdigkeiten auch die Garnisonkirche besichtigte. Die Stadt bot ihren Gästen ein Mittagessen, unternahm mit ihnen eine Rundfahrt durch die Stadt und fand sich mit ihnen dann wieder im Palasthotel zu einem Abschiedstrunk zusammen. Hieran nicht genug, wurde den Frankenjünglingen ein gedrucktes Willkommen gewidmet. Mit beinahe naiver Unbefangenheit klang es dahin aus:

    Es reicht aus schönem Süden
    Dem Norden die Hand die Kultur.

        *

    Glückhafter Wettstreit möge
    Fortan die Losung sein!
    O, lächle Frankreich und Deutschland
    Des Friedens Sonnenschein — —

Frankreich als Kulturbringer!

O Rhein, o Ruhr, Ihr wißt ein schmerzlich Lied davon zu singen!

Der Beobachter auf der Waisenbrücke wendet seine Blicke hinweg und betrachtet das historische Exerzierhaus, im Volks- und Soldatenmunde kurzweg „der lange Stall" genannt. Wenn Steine reden könnten! So nüchtern sein Eindruck von außen und innen ist — eine Ausnahme macht nur dessen auf Friedrichs des Großen Befehl erbauter Eingang, auf dessen Krönung ein Mars steht —, um so mehr könnte er erzählen von Kaiserworten, die hier alljährlich an die Rekruten gerichtet wurden und die stets ausklangen mit der beherzigenswerten Mahnung:

Und nun geht hin
und tut eure Schuldigkeit!

Einfache, aber goldene Worte, deren ernsthafte Beachtung sich heute auch so mancher Nichtsoldat hinter die Ohren schreiben könnte. Feierliche Bestätigung fanden sie, wenn von dem die Kirche hoch überragenden Turm die abmarschierenden Rekruten die einfache, schlichte Weise des altniederländischen Glockenspiels vernahmen:

„Ueb' immer Treu und Redlichkeit
bis an dein kühles Grab — —"

Wie viele Ehemalige der Potsdamer Garnison bergen eine Fülle von Erinnerungen an „Langsamer Schritt nach Zählen", Lumpenparaden, Signalgetön der übenden Hornisten, sowie sonstigen Exerzitien und Kompanie-Vorstellungen im Langen Stall. In ihm hat sich auch in den letzten Jahrzehnten so manche festliche Jubiläums-Veranstaltung vollzogen, die den Teilnehmern in dauerndem Gedächtnis bleiben wird.

Wir nehmen Abschied von der Waisenbrücke und Waisenstraße, in welcher letzteren die im saftigen Grün zu kraftvoller Entfaltung drängenden Linden Hoffnung auf ein neues Werden künden, und die, jetzt durchschnitten von asphaltierten Hauptstraßenzügen mit elektrischem Bogenlicht und Straßenbahnnetz, Vergleiche mit der genügsameren Vergangenheit weckt. Durch die in ihrer gärtnerischen Pracht einem „Klein-Sanssouci" gleichenden Schmuckanlagen schreitet, auf seinen Krückstock gestützt, der alte Fritz seinen geliebten kleinen blauen Jungen und Mädchen im großen Potsdamschen Waisenhause entgegen. In die grüblerische Versunkenheit des einsamen Beobachters klingen von hoher Turmwarte die Lieder des Spielmann-Meisters. Wie einst eilen Mägdelein und Knaben zur Schule. Vom nahen Spielplatz schallt frohes Kinderlachen. Waisenknaben und -mädchen aus dem friderizianischen Monumentalbau werden spazieren geführt. Reichswehr zieht mit klingendem Spiel vorüber. Autos und Motorräder sausen vorbei. Still gleitet ein Boot zwischen den grün besponnenen Ufermauern des Stadtkanals dahin. Ein jugendfrohes Pärchen singt im Lenzesrausch von „Maienzeit" und „Liebestraum". Die Maienpracht der Plantage und des Kanalufers hat es ihm angetan. Vogelstimmen aus grünem Gezweig ringsum bestätigen es: „Nichts ist so süß, wie du."

— — Und die Sonne sinkt, der Abend naht. Das Glockenspiel erinnert das Alter:

> Ach wie liegt so weit,
> Was mein einst war.

Potsdamer Schuljahre.

Im alten Gymnasium.

Die Erinnerungen führen zurück in Deutschlands große Zeit, die sich in empfängliche Knabenherzen unauslöschlich einzuhämmern verstand, die Zeit des ruhmreichen Krieges 1870/71 mit allen seinen glanzvollen Begleitumständen und Folgeerscheinungen.

Direktor Frick war Leiter der noch kurzweg „Gymnasium" heißenden Anstalt; ihm folgte später Direktor Dr. Volz nach. Der jetzige stolze Schulpalast der „Viktorianer" in der Kurfürstenstraße hat mit diesen Erinnerungen noch nichts gemein, sie umschließen vielmehr lediglich das alte liebe Schulgebäude in der Nauener Straße, in dem nun seit langem schon kleine Mädchen, Besucherinnen der Gemeindeschule IV, ein- und ausmarschieren.

Aeußerlich hat sich an dem zweistöckigen Gebäude mit seinen zwölf Fenstern Front im oberen Stockwerk, während die untere Fensterreihe durch zwei Nebeneingänge links und rechts vom Hauptportal unterbrochen wird, wenig verändert. Noch immer prunkt an dem Balkonvorsprung über dem Portal der Königliche Namenszug „J. W. R.", erinnernd daran, daß Königliche Huld Baustein auf Baustein zur Erschließung dieser Bildungsstätte gefügt hat. Anders ist es wohl bezüglich der inneren Gestaltung, schon weil damals weder Be-, noch Entwässerung bestand, und auch in bezug auf Beleuchtung und sonstige Ausstattung noch viele rückständige Verhältnisse vorherrschten.

Der Pedell Kupatt, dessen behäbige „bessere Hälfte" Lehrer und Jungen mit geschmierten Salzkuchen, Schrippen, Milchbrötchen und „Mannheimern", je nach Aufstrich mit Schmalz oder Butter für 'nen Sechser oder Silbergroschen gab, kündete die Pausen mit Klöppelschlag gegen die Hofglocke an, während der entrinnenden Stunden Lauf die Schuluhr vom roten Ziegeldach herab anschlug. Auf dem Hofe stand der Holzbrunnen, an dem zwei Becher an Ketten befestigt waren bzw. sein sollten — meist waren sie durch überschüssigen Kraftaufwand losgerissen, weil vor Unterrichtsbeginn nach der Pause jeder das Vorrecht auf noch einen kühlen Trunk zu erkämpfen pflegte. Der Kampf um die Becher wurde mitunter sogar recht erbittert ausgefochten, denn zu spät in der Klasse wollte keiner erscheinen, und vorher hatte man sich beim Rundgang auf dem Hofe dazu keine Zeit vergönnt. Außer in den beiden Stockwerken des Hauptgebäudes waren auch noch Klassen im Seitengebäude untergebracht.

Zwei Erinnerungen sind aus damaliger Zeit ganz besonders haften geblieben; der Abschied des allverehrten Direktors Frick, der nach Minden zur porta westfalica versetzt wurde, und die erste Sedanfeier auf Jagdschloß Stern.

Der Gymnasialchor unter Karows Leitung brachte der scheidenden Direktor-Familie am Tage der Abreise noch ein Abschiedsständchen in der auf der Bassinseite des Schulgrundstücks befindlichen Wohnung dar. War es nun, daß Hans Frick, der beliebte Direktorssohn und Primus seiner Klasse, mit aus unseren Reihen schied, oder war es die sichtbare Ergriffenheit der ganzen Familie, als es wehmutsvoll erklang: „Es ist bestimmt in Gottes Rat, daß man vom liebsten was man hat, muß scheiden", blieb die Schlußstrophe vor verhaltenem Schluchzen manchem Sänger in der Kehle stecken.

Dann aber die erste Sedanfeier! Weckte die eine Begeisterung in der jugendfrohen Schar! Von der Prima bis zur Sexta standen alle Klassen, jede mit Schulfahne (andere waren verpönt) auf dem Schulhofe bis zur Nauener Straße angetreten, zur Hälfte mit blauen, zur anderen Hälfte mit rosa Schleifen an der Brust, die Vorturner mit gleichfarbigen Armbinden. Voran die vollzählige Kapelle des Garde-Jäger-Bataillons unter Hollmigs Leitung, wurde bis zum Platze vor dem Schützenhause marschiert. Hier war die Musik vor die Kronen-Apotheke abgeschwenkt, in die unter den Klängen des Präsentiermarsches die Fahnen eingebracht wurden. In verteilten Gruppen je nach Marschfähigkeit wurde dann in den nahen Wald ausgeschwärmt zum späteren gemeinsamen Stelldichein auf Jagdschloß Stern. Dieser wurde von der einen Kouleur besetzt, während ihn die andere zu erobern hatte. Es kam zunächst zu Vorpostengefechten und schließlich zur Erstürmung des Jagdschlosses mit lautem Hurra. Wer die Schleife eingebüßt hatte, galt als besiegt, und als gefeierter Held der Glückliche, welcher die meisten Schleifen oder gar Binden (letzteres war aber nicht so leicht) erobert hatte. Dann folgten die Preiskämpfe um den Eichenkranz, das Aufsagen patriotischer Gedichte, die natürlich frohlockend auf den sieghaft beendeten Feldzug anspielten. U. a. sprach ein Hauptmann zum Invaliden mit Stelzfuß: „Die Zuaven sind ein besonderes Korps, Tigeraffen zu sehen glaubt man. Doch hoff' ich, Ihr fürchtet Euch nicht davor? —" Invalide: „I — Gott bewahre, Herr Hauptmann". Ein Primaner trug ein in Rätselform gehaltenes langes Kriegsgedicht vor, jeder Vers endend mit der Frage: — in der Schlacht bei — —?" Einstimmig erfolgte ohne Stocken die jeweilige prompte Antwort im jubelnden Chor. — Und dann kam die Rückkehr mit Gesang und Fackellicht in die prächtig illuminierte und fahnengeschmückte Stadt. —

Ja, die damalige Jugend konnte anders frohlocken, als die heutige. Schon auf dem Schulwege konnte sie während des Feldzuges Sieg um Sieg von den Depeschen ablesen, die Vater Liebenow in aller Morgenfrühe eilfertig an die Plakattafeln anheftete. Sie wurden förmlich verschlungen und so emsig studiert, daß sie jeder beim Schulbesuch auswendig wußte, wenn sie ihm zum Ueberfluß auch vom Katheder herab noch offiziell verkündet wurden. Genauere Einzelheiten über den Feldzugsverlauf entnahm man abends dem „Potsdamer Intelligenzblatt", das schon damals allgemeines Familienblatt war. Begehrtes Anschauungsmaterial boten die Schlachten-Bilderbogen von Gustav Kühn aus Neuruppin, auch die Schaufenster-Ausstellung von Meyerheine in der Nauener Straße, wo die feindlichen Zinnsoldaten in Kampfesstellung einander gegenüberstanden. Eintreffende Gefangenentransporte und die entstehenden Lazarette mit Rotem Kreuz in weißem Fahnentuch vervollständigten die kindlichen Eindrücke.

Es reihte sich Ereignis an Ereignis, eine Kriegsstimmung löste immer die andere aus, als der Sieg von Sedan und die Gefangennahme Napoleons bekannt wurden, der Tag der Kaiserproklamation in Versailles erschien und das Deutsche Reich neu geschmiedet wurde, bis dann endlich die Friedensbotschaft eintraf und unter großem Gepränge zuguterletzt der Einzug der siegreichen Truppen durch das Brandenburger Tor den Höhepunkt des kriegerischen Miterlebens der hochgemuten Gymnasiastenschar bildete, die in jubelnden Zurufen und Werfen von Lorbeer- und Eichenkränzen wetteiferte mit der übrigen Bürgerschaft.

Wie nicht anders möglich, herrschte eine hochgradige Begeisterung vor, die bei der späteren Wiederkehr der Schlachten-Gedenktage die jugendlichen Herzen noch manches Mal hell aufflammen ließ in schwärmerischen Kundgebungen, besonders bei den Sedanfeiern, deren erste oben bereits vorweg geschildert worden ist — ach, es war eine köstliche Zeit!

Die Reihe derer, die sie miterlebten durften, hat sich bereits stark gelichtet, und von der Lehrerschaft: Walther, Schillbach, Volquardsen, Wiechmann, Seyffert, Schloßmann, Labarre, Schwarze, John, Karow, Stolzenburg, Abb, Schulze u. a. ist wohl kaum einer mehr in der unerfreulichen Lage, Vergleiche ziehen zu müssen mit der Nachkriegszeit von heute und einst — sie bleiben in ihrem friedlichen Schlummer unter kühlem Rasen davon unberührt.

Den Ueberlebenden der Ehemaligen, so verstreut sie auch sein mögen über den weiten Erdball, und wie verschieden ihr Lebenslos sich auch gestaltet haben mag, werden einige Stegreif=Rückblicke in verronnene Schuljahre manche vertraute Erinnerung auffrischen an ernstes Streben, treue Kameradschaft, lustige Kurzweil und übermütige Streiche.

Vollgepfropfte Straßenbahnwagen mit blaßwangigen Kinderfahrgästen gab es noch nicht — ganz einfach, weil die Straßenbahn noch gar nicht vorhanden war —, es galt noch, selbst aus entlegenster Stadtgegend, da auch das moderne Stahlroß noch ein Märchengebilde war, den Schulweg per pedes apostolorum zu erledigen. So entstanden dann vermehrte Gelegenheiten, auf gemeinsamen Schulwegen sich zusammen zu finden nach Wesen und Art zu Schulfreundschaften, die oft bis ins späte Lebensalter andauerten, ja vereinzelt auch noch heute fortbestehen.

Ihre Besiegelung fanden diese Freundschaftsbündnisse durch Eintragungen in das "Album", das wohl jeder einzelne besaß. Ein beliebter "Stammbuchvers" war das lateinische Wortspiel: "Certus amicus cognoscitur; amore, more, ore, re" (Ein wahrer Freund wird erkannt an Liebe, Sitte, Mund, Tat). Auch die Mahnung: "Quidquid agis, prudenter agas et respice finem" (Was du tust, tue verständig und bedenke das Ende) fand häufige Verwendung. "Bete und arbeite" tauchte andererseits sowohl im lateinischen "ora et labora" als auch in griechischer Uebersetzung auf. Fremdsprachliche Wünsche wurden natürlich meist in den mittleren und oberen Klassen bevorzugt (mit Ausnahme französischer, die nicht begehrt waren), wenn auch dort, wie fast ausschließlich in den unteren Klassen gut deutsche Wünsche den ersten Vorrang hatten. Ganz versessen war die jüngere Generation auf die Einverleibung des Verses: "Nicht vorne, nicht in der Mitte, sondern hinten sollst Du den treusten Deiner Freunde finden". Die Innenseite des hinteren Albumdeckels mußte dazu herhalten, damit niemand mehr dahinter den "treuesten Freund" überbieten konnte. Dieser eigenartige "Freundschaftsbeweis" wurde meist übel vermerkt, er wurde als geschmacklose „Verschimpfierung" des Albums gegeißelt.

Freundesgruppen bildeten sich aber auch beim Besuchen des mitten im Eichengrün befindlichen Turnplatzes auf dem Brauhausberge, woselbst im Sommer an jedem Dienstag und Freitag von 5 bis 7 Uhr Turnunterricht stattfand. (Für Winterturnen fehlte eine Turnhalle.) Schon um 4 Uhr traf man sich zum gemeinsamen Abmarsch, um durch den noch von Observatorien und Kriegsschulbau freien Eichenwald zu streifen und vor dem Beginn des Unterrichts sich weidlich auszutummeln. Es darf nicht verschwiegen werden, daß die streng verbotenen Katapulte dabei dennoch oft eine Hauptrolle spielten. Man unternahm gar zu gern Schießübungen und wollte sich messen in diesbezüglicher Geschicklichkeit. Auch auf dem Turnplatze selbst wurde, so lange die Aufsicht fehlte, manches Extrastücklein geleistet. Dahin gehörte z. B. der Sprung von der obersten Treppenstufe, wobei man dann wohl, unten in heftiger Kniebeuge anlangend, mit dem Kinn auf die Kniescheibe aufschlug, daß die Zähne wackelten, und Blut aus dem Munde floß. Man tat sich auch gern hervor im Erklimmen des Taues bis über das Gerüst hinaus auf den „Teller", ein Unternehmen, das den meisten jedoch gar zu „kitzlig" wurde, weshalb sie als Streber zur Höhe kläglich Fiasko machten. Schmerzhafte Zustände holte mancher sich auch bei gewagten Vorübungen am Barren. Am meisten umstritten war der Rundlauf, zu dem alles auch noch nach Schluß des Unterrichts drängte, so lange er noch vor seiner Abnahme zur Verfügung stand.

Brannte die Sonne gar zu heiß, so gab es im Turnwärterhäuschen für einen Dreier ein Glas klares Brunnenwasser, das der Turnwärter damals noch mühsam in Bottichen vom Straßenbrunnen am Schützenplatz bergauf befördern mußte, denn, wie schon erwähnt, Wasserleitung gab es in Potsdam noch nicht. Mit Himbeersaft hatten Süßschnäbel für das Glas Wasser einen Sechser zu zahlen; es gab auch saure Gurken für einen Sechser und Backpflaumen für einen Silbergroschen als Durststillmittel zu kaufen. Hinterm Hause genehmigte die ältere Generation auch gelegentlich eine Flasche Bier. Zigarettenrauchen war noch nicht so weit ausgeartet wie heute, aber so ganz ohne rauchen ging auch damals schon die Sache nicht.

War der Unterricht zu Ende, dann wurden Vorläufer ausgesandt, um jeden erreichbaren Straßenbrunnen um den Schützenplatz herum und auf diesem selbst zu besetzen. Da half den zu den

Brunnen eilenden durstigen Kehlen kein Bitten und Flehen, niemand durfte von dem kalten Wasser trinken, weil die stark erhitzten Knaben sich sonst leicht eine Lungenentzündung zuziehen konnten. Die Vorsichtsmaßnahmen wurden schließlich noch dadurch verschärft, daß die Turner abteilungsweise durch den Wald, wobei der Weg natürlich durch fröhlichen Gesang verkürzt wurde, zur Stadt geführt wurden.

Unterwegs gab es noch manchen Aufenthalt. Da waren die Barrieren der Eisenbahn geschlossen (die Bahn überquerte noch den Fahrdamm der Saarmunder Straße), und konnte man endlich weiter, dann entstand nach dem Durchschreiten des Teltower Tores eine neue Geduldsprobe auf der alten Langen Brücke, wenn deren Zugklappen geöffnet waren. Zur Schadloshaltung setzte man dann die auf der Stadtseite der Brücke neben der Schokoladenfabrik von Miethe an der Freitreppe neben dem jetzigen Palasthotel unter großen roten Schirmen stehenden Obstverkäufer in Nahrung, die ihre Verkaufsmulden aus den am Ufer verankerten „Aeppelkähnen" immer neu zu füllen vermochten. Wer über die „Lauf=Brücke" kam (so hieß früher die Kaiserbrücke, als sie noch in schmaler Bahn treppauf, treppab nur dem Fußgängerverkehr diente), der bezog seinen Obstbedarf bei Mutter

Schweinegrube, die ihren Stand im Brückenwinkel auf der Fischmarktseite innehatte.

Auf dem Heimwege verabredete ungebändigte Jugendlust dann wohl die nächste Kahnpartie in einer der im Stadtkanal am Knie zur Verfügung stehenden "Nußschalen". Vor Antritt einer solchen suchte man entweder die Pfefferküchlerei von Milcke in der Charlottenstraße auf, wo es die berühmten, mehlbestäubten Kuchenwürfel mit dem unaussprechlichen Namen gab, oder man bezog von Holzmüller in der Schwertfegerstraße die beliebten Fruchtbonbons. Dann konnte die Fahrt beginnen. Die damals noch mögliche Frage, ob "mit" oder "ohne" Segel, wurde natürlich — man wollte doch nicht als "Angsthase" gelten, regelmäßig in ersterem Sinne bejaht. Daß es schließlich dabei öfter zu Bootsunfällen kam, wenn keiner der Knirpse zu segeln, kaum das Ruder richtig zu handhaben verstand, darf nicht Wunder nehmen. Man segelte, ohne es verhindern zu können, auf Gedeih und Verderb gegen jedes Hindernis los. Aber wenn es sich irgend vermeiden ließ, wurde ein solches Vorkommnis verschwiegen, um bald einmal wieder segeln zu können. Daß die Verabfolgung von Segeln an Kinder später polizeilich untersagt werden mußte, sagt alles übrige. Die Kosten der Bootspartien gingen in Teilung und waren, da sich meist vier bis fünf Jungen in ein Boot hineinzwängten, nicht gar unerschwinglich.

Kostspieliger wurde schon das „Konditern", das sich auch nur Bevorzugte leisten konnten, denen regelmäßiges Taschengeld zur Verfügung stand. Im Seitenstübchen bei Konditor Lehmann am Alten Markt wurde so manche Nußtorte und mancher Windbeutel mit Schlagsahne geschleckert. Dabei bewährte sich dann oft gute Freundschaft, die den mittelloseren Kameraden freundlich zu Gaste lud. Es war sicher nicht allzu böse gemeint, wenn dem arglosen Gaste dafür auf dem Heimwege ein Schelmenstreich gespielt wurde, indem man ihn zu Konditor Freh (jetzt Weiß) in der Nauener Straße (am Wilhelmplatz) schickte, um von der Verkäuferin Bonbons zu fordern, deren Bezeichnung in keinem Konditor-Lexikon zu finden und von purem Uebermut diktiert war.

Gelegenheit zu freundschaftlichem Beisammensein bot ferner das Botanisieren. Einen botanischen Schulgarten gab es noch nicht. So galt es denn, mit Botanisiertrommel und Pflanzenstecher hinaus zu ziehen an Feld- und Wiesenränder, auch in den Wald, um das erforderliche Anschauungs- und Lehrmaterial für die nächste Unterrichtsstunde in Naturgeschichte und zur Vervollständigung der eigenen Herbarien zu sammeln. Man überzeugte sich bei gegenseitigen Besuchen, — grade wie es auch die Briefmarkensammler mit ihren Alben machten, — wer das vollständigste und bestgepflegteste Herbarium besaß. Seine Herstellung war primitiv und wenig kostspielig. Zwei glatte Bretter, zwischen welche die Pflanzen unter Verwendung geeigneter Druckmittel, obenauf ein schwerer Feldstein, gelegt wurden, reichten aus, um die dauerhafte Pressung zu ermöglichen. Ein Bogen Kanzleipapier für einen Pfennig genügte zum Aufkleben von zwei Pflanzen.

Ein großer Tag für die emsigen Botaniker war es, wenn die ganze Klasse mit ihrem Naturgeschichtslehrer im Eisenbahnzuge nach Werder fuhr im Sammelabteil vierter Güte. Als ein stolzer Knab' einmal für sich ein Sonderbillett erster Klasse gelöst hatte, erreichte er durch sein Absonderungsgelüst lediglich den Ausschluß von dem Klassenausflug. Von der märkischen Obstkammer her begann dann über Baumgartenbrück, an Entenfang und Kuhfort-Wildpark vorbei das Botanisieren, wobei sich reiches Material ergab, dem geplagten Lehrer aber von der geschwätzigen und wißbegierigen Schar so viele Fragen vorgelegt wurden, daß er sie schließlich vertrösten mußte: „Morgen ist auch ein Tag".

Wenn vom Botanisieren gesprochen wird, können auch nicht die, wenn auch nur kümmerlich gezählten Tage des Maikäferschüttelns und Buchnüssesuchens auf dem Pfingstberg, auf dem Brauhausberg bezw. im Schragen am Kapellenberg oder sonstwo noch unter schattigem Eichen- und Buchendach unerwähnt bleiben. Sie trugen im Frühjahr und Herbst zu wechselnder Kurzweil bei.

Alle diese Streifen wurden natürlich sofort unterbrochen, sobald Musik ertönte und Militär sich näherte. Diese eine Strecke zu begleiten, war Ehrensache. Mitunter waren es auch irreführende Sirenenklänge, wenn man nämlich beim Näherkommen nur sechs bis acht Böhmische „Bettelmusikanten" vorfand, die ihren Blechinstrumenten weniger harmonische Weisen zu entlocken verstanden. Da lobte man sich noch eher den Dudelsackpfeifer, der hin und wieder im Straßenbild auftauchte, oder die „Orgelkünstler" vielseitiger Art, mit und ohne Gesangsbegleitung, mit und ohne tanzende Puppen und Affen, oder die Mätzchen eines Tanzbären und das buntgestaltige Treiben durchziehender Zigeuner.

Drachensteigenlassen auf dem Bornstedter Felde, ja, das war eine ganz besondere Lust, zu deren Betätigung es aber auch kunstfertiger und in Geduld erprobter Hände bedurfte. Einen

Drachen fertig kaufen — na, so'n „Spielzeug für kleine Kinder", das gab's ja nicht. Nein, mit großer Mühe und unter Mitwirkung vieler Freunde wurde so ein Monstrum zurechtgeschnitten, auf ein Holzgestell aufgespannt und zusammengekleistert. Die Länge des „Schwanzes" war meist maßgebend für die Höhe des Aufstieges, und davon wieder abhängig die Länge der mitzunehmenden Schnur. Bei günstigem Winde stieg das Ungetüm oft so wild hinauf, daß der Besitzer loslassen mußte und das Nachsehen hatte, wenn er die Fahrt in die Wolken nicht mitmachen wollte. Vorsichtige Knaben schlugen daher nahe der „Schanze" einen Pfahl ein und befestigten das Ende der Schnur daran. Manche Drachen hatten aber nicht selten ihre Mucken und zogen die irdische Niederung jedem höheren Aufstieg vor. Dann galt es eben, einen Ersatzdrachen zu bauen. Ja, es gehörte viel Geduld zum Drachensteigen, es war aber doch eine Lust, sich von demselben Wind umbraust zu fühlen, der das stolze Drachengebilde in den blauen Aether trieb.

Nicht zu vergessen der Schwimmunterricht bei „Vater Mettke", dem vielgestrengen Schwimmmeister der v. Türkschen Schwimmanstalt. Kaum war der zaghafte Sprung des an Mettkes Angel zappelnden Schülers riskiert, da begann auch schon das Zählen: „Ei — nnn — s — zwei — drei — ei — nnn — s — zwei — drei". Und wehe dem Aermsten, der nicht sofort furchtlos die vorgeschriebenen Handbewegungen und Fußstöße nach Tempo vollzog. Zur Strafe senkte sich die Angel, und der kleine Sünder — sein Ende nahe wähnend — schrie gar jämmerlich um Hilfe, so daß die Torfträgerinnen vom nahen Holzplatz sich oft zeternd einmischten, unwillig über solche unnützen Quälereien des „armen Jungen". Der hatte aber schon längst wieder Oberwasser und war dauernd gut Freund mit seinem Schwimmeister, bis er ihm eines Tages ohne Angel davon schwamm, verbotswidrig bis mitten in den Strom hinein.

Freundschaft galt es aber auch noch anders zu bewähren. Neben allem sonstigen Lernstoff auf dem Stundenplan enthielt dieser nämlich auch „Zeichnen" — eine schwache Seite für gar manchen sonst in „gelehrten Fächern" äußerst tüchtig befundenen Gymnasiasten. Spürte man kein Talent, so verlor man auch die Lust. Zunächst versuchte man es bei einfachen Vorlagen noch mit „Durchschustern". Als dann aber ernstere Aufgaben gelöst werden sollten, die Wiedergabe des Tabakshäuschens oder der soeben fertiggestellten Turmvilla am Nauener Tor u. dergl., da war alles Latein zu Ende. Einige Male halfen ja noch unsere anerkannten Zeichentalente André und Lüdtke aus dringendster Verlegenheit, deren auf Wunsch absichtlich etwas flüchtig hingeworfene Skizzen man mit ungeübter Hand nachzeichnete. Aber es blieb bei diesem Versuch, und für immer war ein solcher Freundesdienst auch nicht gut zu beanspruchen, zumal bei den Massenattentaten darauf. Und als man ohne jeden Beistand gar als Zeichenaufgabe während der großen Ferien einen Gesamtplan vom Park Sanssouci herstellen sollte, da hieß es Farbe bekennen, daß so mancher bisher mehr Schein als Können in der edlen Zeichenkunst betätigt hatte.

Zum Erholungsprogramm des Schulpensums gehörten auch Klassenausflüge mit dem Lehrer, die nicht dem Botanisieren, wie bereits geschildert, sondern lediglich ausgelassener Lust und Fröhlichkeit galten. Ein solcher mit dem Ordinarius John haftet in besonderer Erinnerung. Wir hatten ihm zum Geburtstag eine Hermes-Büste als Klassenspende gewidmet. Der Ausflug sollte die Vergeltung sein. Er gewann erhöhte Bedeutung, als man vernahm: „Kuchen zum Kaffee liefert meine Braut! Ihr habt nur mitzubringen einen Kaffeegroschen und Ueberfahrgeld nach Römerschanze und Moorlake." Es ging also nach Nedlitz, und man sollte die Braut des Lehrers kennen lernen, noch dazu als gütige Kuchenfee. „Füllt auch Eure

Botanisiertrommeln mit Kartoffeln, denn auf Römerschanze dürfen wir mit eingeholter Erlaubnis ein Feuer anzünden, und Ihr könnt darin Kartoffeln rösten."

Wie gesagt, so geschehen. Es wurde ein gar vergnüglicher Tag. Die Rückkehr erfolgte, an der abenteuerlich „zur See" lockenden Auftakelung des prinzlichen Schulschiffes am Haveluser vor dem prinzlichen Park vorbei, über die alte, malerisch aus roten Klinkern erbaute Brücke mit Zugklappen und durch das Berliner Tor, wo noch interessiert das außenbefestigte Riesenbauer besichtigt wurde, in dem der dortige Steueroffiziant eine bunte Sammlung verschiedenster Waldvögel unterhielt.

Bei diesen Ausflügen verlor sich jede Scheu selbst vor dem sonst gefürchtetsten Präzeptor. Man behandelte ihn wie einen älteren Kameraden, der die Jüngeren zu unterhalten hatte und mit dem man jeden schicklichen Uebermut treiben durfte. Gespannt lauschte man J.'s Erzählung von den Wirkungen der ersten Versuchszigarre, die ihm „auf immer" das Rauchen verleidet hatte, man lernte von ihm auch kleine Taschenkunststückchen kennen u. s. f.

Wenn im Winter Frau Holle ihre Schneeflocken niederschüttelte, begannen übermütige

Schneeballschlachten auf dem Schulwege, die in den „Freiviertelstunden" lustig fortgesetzt wurden, und in Erwartung weiterer Wonnen außerhalb der Schulzeit jubelten die kleinsten Lateiner-Schelme, die es vom Lehrer in guter Stunde gelernt hatten: wir farimus in schlittisl. Es wurden auch klassenweise Eisbahnversuche verabredet. Freunde luden einander zu Familienbesuch, um außer anderer Kurzweil den Tellschuß auf den Apfel oder andere lebende Bilder aufzuführen. Der mit Freunden gemeinsam unternommene Besuch der großen Spielwaren-Ausstellung bei J. G. Nitsch & Söhne, Schwertfegerstraße, und des Christmarktes gehörte zum ständigen Winterprogramm und leitete stimmungsvoll über zum schönen Weihnachtsfest.

Wer dem aus Schülern von der Prima bis zur Sexta zusammengestellten Gymnasialchor angehörte, fand in der Aula, wo der Flügel stand, Gelegenheit, seine Gesangsstudien zu vervollkommenen, denn unser Karow betrieb sein Amt sehr ernst, so daß wir uns auch öffentlich im Barberinisaal durften hören lassen. Die eingeschalteten beliebten Kanon-Uebungen bildeten teils Aufmunterungen: „Aller Anfang ist schwer — doch ohn' ihn, ohn' ihn kein Ende wär" — teils schufen sie goldene Lebensregeln: „Mit Bereitheit muß man allen — tun, was recht ist, zu Gefallen" bezw. „Recht im Großen, Recht im Kleinen tue stets und scheue keinen" u. s. f. Die Hauptübungen betrafen aber das „Te Deum" das „Ave maria", „Durch tiefe Nacht ein Brausen zieht" und ähnliche schwierige Aufgaben.

Die Chorübungen wurden in der Schlußstunde empfunden als wohltuende Ablenkungen von all den in den Köpfen durcheinander schwirrenden Sprüchen, Vokabeln und Regeln, Geschichtsdaten und den zu lösenden Rätseln aus der Mathematik, Arithmetik, Physik und dem anderen vielfältigen Lehrstoff.

Unter diesem befand sich auch die Umwandlung der Meile, Elle, Fuß und Zoll in Kilometer, Meter, Zenti-, Dezi- und Millimeter, der Taler in Mark, der Metze und der Quarte in Liter, der Lote in Gramme, der Morgen und Ruten in Hektare und Are. Hierzu war nach Möglichkeit entsprechendes Anschauungsmaterial, insoweit es sich um Gefäße, Maße und Gewichte handelte, zur Stelle. Der Lehrstoff vermehrte sich, „wenn es zum Pastor ging". Da tauchen die Namen Heym, Strauß, Rogge, Rauh, Persius, Ritter, Coulon und Beyer uns im Gedächtnis auf.

Ein Schulereignis aufregender Art verdient noch besondere Erwähnung: „Feuer bei Blankensteint!" Die Meldung wurde während des Vormittags-Unterrichts durch Direktor Frick persönlich überbracht, der die Schüler anwies, nach Möglichkeit beim Löschdienst zu helfen. Eine geordnete Berufsfeuerwehr gab es noch nicht. Die am Tage ihrem Maurer- und Zimmermannsberuf nachgehenden Feuerwehrleute wurden unterstützt durch die Bürger-Feuerwehr, für die in allen Stadttor-Gebäuden, in der alten Königs-Hauptwache und an anderen geeigneten Orten städtische Handdruckspritzen bereitstanden, zu deren Bedienung viele Hände mit Ablösung erforderlich waren. Die Wassermengen wurden in diesem Falle vom Schulbrunnen mittels lederner Eimer gefüllt, die in langer Kette vom Schulhof bis zur gegenüber befindlichen Brandstätte weiter gereicht wurden. Die Löscharbeiten nahmen geraume Zeit in Anspruch, denn es brannte der große Lagerschuppen mit allen Vorräten des Kaufmannshauses. Am nächsten Tage wurde der Dank des Herrn Blankenstein in den Klassen verkündet für die wackere Hilfeleistung — es war ein Ereignis.

Spannungsvolle Zeiten der Aufregung gab es nicht nur vor der Versetzung und dem Zensuren-Empfang, sondern honoris causa zum jeweiligen 10. November. Wem wird diesmal „Als Auszeichnung für Fleiß und Wohlverhalten" die

Prämie, „Schillers Gedichte" im Prachteinband mit Goldschnitt, verliehen werden? Das war die große Frage. Der Auserwählte nahm dadurch für diesen Tag einen besonderen Rang ein.

Große Tage waren natürlich vor allen Dingen auch die nationalen Gedenktage, besonders die Sedanfeier und der Geburtstag des alten Kaisers. Als bevorzugt galten in solcher Zeit die zum Aufsagen von Gedichten Auserwählten, die ihrerseits sich zu bemühen hatten, sich einer solchen Auszeichnung auch würdig zu erweisen. Und dann war die große Frühjahrsparade: vorzeitiger Schulschluß, darauf alles hin, um die Anfahrt der z. T. à la Daumont bespannten Hofwagen mit Spitzenreitern, vor allem den Kaiser und die Prinzen mit ihren Gemahlinnen zu bewundern.

Vom „Nachsitzen" sollte man eigentlich besser schweigen, aber eine lustige Episode aus solchem Anlaß soll doch nicht unerwähnt bleiben. Aus irgend einem Anlasse war an einem „Sonnabend-Nachmittag" eine ganze Corona in das Klassenzimmer „befohlen" worden, dessen Seitentür direkt in die Aula mündete. Das „Nachkuschen" wurde nicht allzu tragisch genommen, da aber kein Lehrer zugegen war, wurde es allmählich langweilig. So zog man in die Aula, einer öffnete den Flügel, begann eine flotte Tanzweise, und alsbald hüpfte und sprang man wie wild und toll im Saal umher. Plötzlich alles mäuschenstille, zur Salzsäule erstarrt auch der übermütige Musikmacher: in der Tür war heimlich, still und leise der Gefürchtete aufgetaucht, der die wilde Schar nun zu einer „Extratour" ins Nebengemach einlud. Und die Musik schwieg. —

Die Grundidee zur jetzigen Aufbauschule, auch begabten Kindern unbemittelter Eltern die Möglichkeit zum Besuch höherer Lehranstalten zu bieten, wurde gewissermaßen inoffiziell schon damals praktisch durchgeführt. Vorsichtige Eltern versuchten es mit ihren Kindern erst in der Elementar- oder Garnisonschule, ließen sie dann in die von Rektor Marsch geleitete Höhere Bürgerschule mit ihren Lehrern Maack, Miekley, Graumüller, Henkel, Riese, Knape, Fritz und Gerlach übersiedeln, um sie erst nach weiterer Bewährung schließlich ins Gymnasium zu schicken. Hier sorgten Stipendien und das „Antiquariat" von J. Rentel für die verbilligte Ermöglichung weiteren Vorwärtsstrebens.

Der Hauptlehrer Schulze von der Jägerstraßen-Elementarschule, der auch den kronprinzlichen Kindern im Neuen Palais Schreibunterricht erteilte, brachte den Besuchern der untersten Klassen des Gymnasiums die schwierige griechische „Hieroglyphenschrift" bei, lediglich als rein technische

Vorübung zum später von berufener Seite erteilten eigentlichen Griechisch-Unterricht. Er vermittelte aus seiner Lehranstalt zwei Musterknaben — Wanderburg und Kaersten — direkt ins Gymnasium. Diese waren so außergewöhnlich begabt, daß sie durch Fleiß und Ueberstunden später noch eine Klasse überspringen konnten; eine Maßregel, die auch wegen ihres vorgeschrittenen Alters für sie selbst wesentlich war. Das imponierte uns Mitschülern gar „mächtig" und stärkte ihr Ansehen bei uns „nicht zu knapp".

Es ließe sich noch manches erzählen, aber es darf doch nicht alles „aus der Schule geplaudert" werden, so verlockend, wie dieses oder jenes Thema auch dazu anreizen möchte, so von einem aus Dresden hierher übersiedelten Mitschüler, der, sonst sehr begabt, regelmäßig im deutschen Aufsatz „60 bis 70 Fehler" hatte und darüber schrecklich unglücklich war; er verwechselte nämlich fortgesetzt das harte „P" mit dem weichen „B" usw., vielleicht auch von den Zuschüttungsarbeiten zum Bassin und dem bis 1870, dem Kriegsjahr, während Neubau der katholischen Kirche; Arbeiten, die uns oft angezogen, oder wie nach dem „Verschlingen" von „Coopers Lederstrumpf" eine tönerne „Friedenspfeife" beschafft wurde, um sie nach der Rückkehr vom „Kriegspfade" in der

„Höhle" kreisen zu lassen bezw. über „Eulenspiegeleien" beim Osterwasserholen Gutgläubiger aus dem „fließenden" Stadtkanal in der Osternacht und dergl. mehr.

Die erzählten Stegreif-Erinnerungen wollen aber gar keinen Anspruch auf Vollständigkeit machen, sondern sie sollen nur Anregungen bieten zum Nachdenken und Weitersinnen über eigene Erlebnisse aus unvergeßlicher, seliger Schul- und Jugendzeit.

Das war die Garde — —!

Wenn man als Soldatenjunge in der Soldatenstadt Potsdam unter Soldaten groß geworden ist, so gewinnt man im Vergleich zu einst den Eindruck: „Potsdam ist eine stille und farbenärmere Stadt geworden". Daran kann auch die doch nur kleine, wenn auch festgefügte Reichswehr-Garnison nichts ändern, die uns von Feindes Gnaden belassen wurde, auch nicht die Tatsache, daß der Fremdenzustrom durchreisender und seßhaft werdender Fremder immer reger wird. Unsere stolze Garde, — im engen Zusammenhange mit dem Hofleben — bildete das pulsierende Leben, von dem ganz Potsdam beeinflußt wurde.

Wie manches Mädchenherz vermißt wohl das „zweierlei Tuch"! Was sind die öffentlichen Tanzsäle ohne den „bunten Rock"? Wieviel Gewerbetreibende samt der übrigen Geschäftswelt rechneten mit der Militärkundschaft! Welche Einbuße an militärischen Bildern hat die Kinderwelt zu beklagen! Wer hätte sich früher wohl Potsdam ohne seine schmucken Gardetruppen denken können.

    Das war die Garde,
        die da stirbt, doch sich nicht ergibt.

In dem Offizierkorps standen — entsprechend der ruhmreichen Geschichte der Garde — die Sprossen alter Adels- und Fürstengeschlechter bis hinauf zum obersten Kriegsherrn. Die Mannschaft ausgesucht, gesund gewachsene, schlanke und ranke kräftige Gestalten, die sich aus brennendstem Herzensbedürfnis und Ehrgeiz nach guter Väter Art nach Potsdam zur Garde — namentlich zu den Leib-Regimentern des Kaisers: Regiment der Gardes du Corps und Leib-Garde-Husaren-Regiment, auch zum großen Teil zum 1. Garde-Regiment z. F. — gemeldet hatten, zum Garde-Jäger-Bataillon vorzüglich Grünröcke; auch bei den Garde-Ulanen viele Freiwillige. Schon vorzeitig trafen die wohlhabenden Bauern- und Weingutsbesitzer aus der Mark, aus dem Rheinland oder aus sonstigen deutschen Gauen mit ihren reckenhaften Söhnen hier ein, um ihren Nachwuchs zum Militärdienst anzumelden. Das Angebot übertraf bei weitem die Nachfrage. Kein Wunder, wenn die Väter, die selbst in Potsdam gedient hatten, die meiste Hoffnung auf williges Gehör hegten. Diese trog dann auch selten. Wie stolz reisten sie wieder heim, wenn ihr Wunsch Erfüllung gefunden hatte, ganz im Gegensatz zu den Enttäuschten, die sich entweder zu spät gemeldet hatten oder denen aus triftigen anderen

Gründen ablehnender Bescheid erteilt werden mußte.

Und trafen dann die ersten Freiwilligen mit den übrigen Rekruten ein, wie wurden sie auf ihren Wert in den Straßen zuerst gemustert von den nach der Reserve-Entlassung schatzlos gewordenen Soldatenbräuten, von Jung-Potsdam und der übrigen Bürgerschaft, bevor sie an „Messer und Scheere" ausgeliefert und „eingepuppt" wurden. Noch einmal wiederholte sich solche „private" Nachmusterung, wenn die Abteilungen zur Post geführt wurden, um die in Kisten verpackte „Zivilkluft" heimzusenden.

Von da ab blieb die Rekrutenschar längere Zeit unsichtbar. War das Wecksignal:

„Habt Ihr denn noch lange
nicht genug geschlaaaafen?"

verklungen und allen nächstliegenden Anforderungen militärischer „Properität" genügt, dann hieß es, auf den Kasernenhöfen zunächst einmal gehen, grüßen sowie „Rechts um", „Links um", „Kehrt" machen zu lernen. Momentbilder davon bekam das Publikum nur stellenweise auf dem Bassinplatz oder im Lustgarten, früher auch an der Mauer oder auf der Garnison-Plantage zu sehen, bis die „Kultivierung" so weit fortgeschritten war, daß die Mannschaften durch ihre gestrengen Vorgesetzten zum Kennenlernen der historischen Stätten und sonstigen Sehenswürdigkeiten unserer herrlichen Havelresidenz spazieren geführt wurden.

Dabei wurde dann auch Einkehr gehalten an gastlichen Stätten, in denen „Lokalstudien" getrieben wurden. Manche Wirte, meist altgediente Soldaten, wußten sich mit ihren vorerst noch etwas schüchternen Besuchern besonders schnell vertraut zu machen. So nahm der selige Rudolf Buttke wohl die Gitarre zur Hand, um mitten im großen Saal seines „Colosseum", umringt von der schnell „mobiler" werdenden Gästeschar, sich zu seinen bezwingenden Soldaten- und Schelmenliedern zu begleiten. Unter den letzteren löste das nie fehlende:

Wollte sehen, ob ein Hase
oder Reh vor mir steh'
im grünen Grase — —
Jagt mir doch den Fuchs ins Loch. — —

sofort die erwünschte Stimmung aus.

Bei anderen erklangen nach Klavierbegleitung muntere Heimatweisen und kernige Sodatenlieder. Jede Couleur lernte sogleich die altgewohnten Stammlokale kennen, unter denen z. B. das von Albert Andauer in der Kurfürstenstraße 18 noch aus der Zeit, in der das 1. Garde-Regiment z. F. im „holländischen Viertel" in Bürgerquartieren lag, durch Generationen bis zuletzt die alte Heimstätte für die durstigen Kehlen der Garde-Grenadiere geblieben war. Sie gaben beim Gehen und Kommen gleich truppweise einander die Türklinke in die Hand. Bei längerem Verweilen gesellte sich wohl ein alter Ehemaliger hinzu, der Erinnerungen aus den Bürgerquartieren auffrischte. „Wir schossen einmal aus den Fenstern nach Spatzen", so lautete eine beliebte Erzählung, „wobei wir eines Tages den Hund eines Lumpensammlers versehentlich trafen. Wir baten um gut Wetter und erreichten auch das Stillschweigen des Zeter Mordio schreienden Besitzers, indem wir ihm seine ganzen Vorräte an Zuckererbsen und Lakritzenstangen abkauften, für die wir bei dem jubelnden Kindervolk willige Abnehmer fanden. Als wir ihm auch noch einige alte Sachen und Hemden zum Geschenk machten, war der Friede vollkommen."

Dieselbe Anhänglichkeit wurde auch dem beliebten Inhaber der „Neuen Welt" in Bornstedt, Bartmuß, bewiesen, bei dem es später „Zielwasser" nehmen hieß zum Besuch der Garde-Schießstände, um recht ins Schwarze und nicht daneben zu schießen. Wie diese unvermeidliche „Zielwasser-

Station" der Grenadiere, so galt es für die Grünröcke, auch die Jägerschießstände kennen zu lernen, wo ein „grüner Jäger" die Schützenaugen klar machen half. Sonst müßten, wie ein alter Jägerwitz lautete, die Bergholzer Einwohner die Fensterladen schließen. Die gegenüber der Kaserne in der Elisabethstraße befindlichen Lokale konnten die Jäger-Rekruten auch ohne Führung nicht übersehen.

Daß Romkopf in der Berliner Straße und Probstheim in der Heiligengeiststraße von den in dortiger Gegend einquartiert gewesenen Gardes du Corps und Füsilieren besucht werden mußte, war schon notwendig aus Gründen der „Billigkeit". Bei ihnen gab es wie bei Grundhoff, Junkerstraße 9, für die Ulanen, in Taschentücher und Feldmützen geschüttet für 'nen Sechser Pellkartoffeln, ebenso billige saure Heringe oder für sechs Dreier gekochtes Fleisch und dergl. Die dampfenden Kartoffeln standen mit Säcken zugedeckt, um heiß zu bleiben, in großen Mollen auf den Tischen. Natürlich nahmen die Rekruten auch nach der Besichtigung der Garnisonkirche und des Langen Stalles vom historischen Bismarck-Zimmer bei Immich (jetzt Pflaumer) in der Mammonstraße Notiz. Die Husaren gingen nach dem Besuche der Kavallerie-

Schießstände auch nicht an „Bürgershof" in Kleinglienicke vorüber, dem alten Couleurlokal für sie
und die Jäger. Die Schänkstuben in der Nähe
der Kasernen fanden alle Truppengattungen nach
gerade allein, schon um sich auch mit dem nötigen
Putzzeug einzudecken.

Hauptsächlich wurden die Rekruten aber den
verschiednen Tanztabagiewirten in Stadt und Umgegend vorgeführt. Oft gesellten sich auch dort
altgediente Stammgäste — woran es in unserer
Beamtenstadt mit ihren zahlreichen Behörden und
Kriegervereinen nicht fehlte — hinzu. Da
wurden Schnurren als „Kriegserlebnisse" zum
Besten gegeben, die Staunen erregten. Ein alter
Kriegsveteran erzählte mit Vorliebe folgende
schaurige Mär: „Ja, und da zerschmetterte eine
Kugel den linken Arm meines Nebenmannes.
Der wurde vor Schmerz und Blutverlust ohn-
mächtig. Als er wieder erwachte, war der Arm
bereits amputiert worden. Das erregte ihn der-
art, daß er, ehe wir es verhindern konnten, seinen
Säbel ergriff und sich zu unserem Entsetzen den
rechten Arm mit einem Hieb auch glatt vom Rumpf
trennte — ". Bernhard Lillinger in der einstigen „Gambrinusquelle", Mittelstraße 7, lange
Vorsitzender des Kreis-Kriegerbezirks VIIa, wußte
als glühender Bismarck-Verehrer gar bald einen

Anlaß, das Gespräch auf den verehrten Alt-Reichskanzler zu lenken, um bei einer gespendeten Lage Gerstensaft Anlaß zu finden zu einem Bismarck-Hoch. Wehe, wer sich etwa sträubte. Das sollte einmal ein Widerspenstiger erfahren, den er zunächst erregt an die Luft setzen wollte, dann aber wiederum sofort als seinen besten Freund erklärte, als dieser meinte: „Bitte, erst nach einem Kaiserhoch!"

Kurze Rast wurde gern im Kaffee „Bluhm" in der Maulbeer-Allee, am Drachenhäuschen, in der Meierei des Neuen Gartens oder an anderer historischer Stätte, auf der Mopke vor den Kommuns gehalten, woselbst Kuter, ein ehemaliger Hoboist des 1. Garde-Regiments z. F., viele Jahre einige Tische und Stühle für erholungsbedürftige Spaziergänger bereitgestellt hatte, die zwischen Neuem Palais und Kommuns eindrucksvolle Rast hielten und auch für die Magenfrage angemessenes Verständnis fanden. Draußen wurde indes nur eine Rast gestattet, wenn im Neuen Palais niemand vom Hofe anwesend war. Später wurden die Schankräume nach innen verlegt und dienten schließlich nur noch dem Bedarf der Angestellten. Mit Kennern aus dem Rheinland rechnend, war auch überall für einen „guten Tropfen" vorgesorgt, ferner auch sonst für Bestes aus Küche und Keller, so daß bei frohem Sang und lustiger Musik bald heiterster Frohsinn obwaltete.

Das waren natürlich durchweg nur Gelegenheiten zur Erholung nach voraufgegangener Besichtigung des Parkes, der Schlösser und Stadt-Sehenswürdigkeiten. Daß zu letzterem auch das historische Neustädter Tor, das Bornstedter Feld, der Lustgarten und das sagenumwobene Tabakshäuschen gehörten, ist selbstverständlich.

Voll reicher Eindrücke auf diesen Rekrutenspaziergängen ging es dann heim ins Quartier, um vorerst noch lange vorher zurück zu sein, bevor der Hornist mahnte:

"Zu Bett, zu Bett Ihr Lumpenhund —
Es schlägt die letzte Viertelstund —
Zu Bett — zu Bett — zu Bett!"

Die Führungen fanden ihren Abschluß nach der Rekruten-Vereidigung, die sich in Potsdam zu einem ganz besonders feierlichen Akt gestaltete, da außer dem Geistlichen auch der oberste Kriegsherr zu dem jugendlichen Nachwuchs sprach. Und während die militärische Ausbildung dann energisch fortgeführt wurde, bekam außerhalb des Dienstes mehr und mehr die Wahrheit Geltung:

Soldatenleben —
ja, das heißt lustig sein!

Man knüpfte vor allem manche zarte Bande, die keineswegs immer zum Standesamt führten, sondern viel eher durch häufigeren Wechsel erhöhten Reiz gewannen, denn:

Treu ist die Soldatenliebe
so treu, wie's Wasser in der Kiepe — —.

Daß es auch zahlreiche Ausnahmen von der allgemeinen Regel gab, beweisen andererseits die noch fortbestehenden glücklichen Ehen, die auf die einstige Soldatenzeit in Potsdam zurückzuführen sind.

Abwechselung im streng geregelten Soldatenleben brachte dann der erste Weihnachtsurlaub; aber auch die Weihnachtsfeier in den Kasernen, die besonders festlich im 1. Garde-Regiment z. F. durch den Besuch des Kaisers, des Kronprinzen und der kaiserlichen Prinzen gestaltet wurde, denen von der Mannschaft in der Lehmann'schen Bäckerei, Breite Straße 30, hergestellte Honigkuchen mit „aufgespritztem" Weihnachtsgruß und Gardestern gewidmet wurden. Auf dem Wege zur Kaserne verteilte der Kaiser Geldgeschenke unter mitunter recht drastischen Begleitumständen, wobei die Empfänger oft zur Belustigung des Kaisers zu spät den Spender erkannten. Der Kronprinz wußte um die Weihnachtszeit häufig ähnliche Ueberraschungen zu bereiten.

Bald begannen dann die Kaisersgeburtstagsbälle, die sich auf viele Wochen ausdehnten, entsprechend der möglichen Saalfreigabe für die einzelnen Kompanien, Eskadrons und Batterien. Die Feier am eigentlichen Geburtstage bildete natürlich den Höhepunkt. Es folgten die Kompanie-Besichtigungen des 1. Garde-Regiments zu Fuß, denen abwechselnd der Kaiser beiwohnte und im Anschluß an die nach erfolgtem Alarm oft auch Teile der übrigen Garnison teilnahmen.

Von nun ab marschierten, ritten und fuhren die Truppen fast alltäglich mit klingendem Spiel von allen Stadtrichtungen her zum Bornstedter Felde hinaus. Flotte Marschweisen und neueste Operettenschlager beflügelten den Schritt der Mannschaften und belebten auch die Gangart der Pferde:

> Und hinter jedem Blumentopf
> erscheint ein holder Mädchenkopf
> und alt und jung tritt vor die Türe. — —

So besonders auch am Ehrentage des 1. Garde-Regiments z. F., dem Gedenktage an die ruhmvolle Schlacht bei Groß-Görschen, dem 2. Mai, der für die Bataillons-Besichtigungen des 1. Garde-Regiments z. F. vorgesehen blieb, wenn der Kaiser mit großer Eskorte sein Regiment durch die Straßen Potsdams zur Kaserne zurückführte und sie in der Mammonstraße vor dem Regimentshause noch einmal im Parademarsch vorbeimarschieren ließ.

Dann erst ein Festtag für die ganze Garnison und die Bürgerschaft gelegentlich der regelmäßig im Mai um Pfingsten stattfindenden großen Frühjahrsparade! Aus allen Gauen des lieben Vaterlandes eilten die Angehörigen der Truppen herbei, um ihre Jungen im bunten Rock bewundern zu können. Der Schulunterricht wurde früher abgebrochen, und ganz Potsdam war im Festrausch. Wie jubelten alle Herzen dem alten Kaiser zu, wenn er sich im offenen Wagen näherte und auf der Schloßrampe seine treue Fuchsstute bestieg, und wie flammten alle Herzen später, als sein junger Enkel vom Neuen Palais her hoch zu Roß zum Paradeplatze kam, wenn die Kaiserin, die Kronprinzessin und die Prinzessinnen in großer Anfahrt eintrafen, um an den Schloßfenstern Aufstellung zu nehmen, wenn die jüngsten Prinzen mit dem 10. Lebensjahre in die Front eingestellt wurden und im gleichen Schritt und Tritt mit den Riesenkerlen den Paradermarsch mitmachten. Was gab es da alles zu hören, zu sehen und zu staunen! Die Truppen in schmucker Paradegarnitur, das 1. Garde-Regiment mit den historischen Grenadiermützen, die Husaren mit umgehängtem Pelz, die Gardes du Corps-Kapelle mit den vom Zar Nikolaus geschenkten Silbertrompeten, Musik durch alle Straßen, in der großen Suite die vielen fremdländischen Uniformen und ein festliches Gewoge rings um den Paradeplatz und das Stadtschloß bis in das ganze Stadtgebiet hinein.

Später folgten die Felddienstübungen und als deren Abschluß der Ausmarsch zum Manöver. Während der mehrwöchentlichen Abwesenheit des Militärs war Potsdam verödet. Die jungen Mädchen bekamen schon Vorahnungen von dauerndem Abschiedsweh. In den Straßen und Tanzsälen war trostlose Stille und Leere. Nach der Rückkehr aus dem Manövergelände erfolgte dann um so geräuschvoller die Entlassung der Reservisten:

Die Mütze sitzt auf einem Ohre,
und keine Waffe ziert uns mehr.

Das gab mit gerollter Achselklappe und dem mit der Säbeltroddel geschmückten Reservestock ein großes Abschiednehmen, bei dem auch manche

Träne aus den Augen der zurückbleibenden Soldatenbraut floß, wenn es endgültig hieß:

Liebchen ade — —

Solche, denen es weniger der Mann, als der bunte Rock angetan hatte, fanden indes immer schnell wieder Ersatz. Es tauchten dann bald die rotbefrackten Offiziere auf zu den beginnenden Parforcejagden, bis endlich neue Rekruten eintrafen, und das Soldatenleben erneut seinen gewohnten Fortgang nahm.

Soldatenleben in Potsdam: um es erschöpfend zu schildern, ließen sich darüber Bücher füllen. Szenen auf dem Schloßhofe: Alltäglich harrte da um die Mittagszeit vor 1 Uhr jung und alt der Wachtparade. Sie horchen auf:

Ein Jäger aus Kurpfalz — —.

Na ja — es regnet — die Jäger ziehen auf Wache. Oder nähern sie sich doch nicht vom Bassin und Nauener Straße her durch die Hohewegstraße? Ach nein, die Klänge kommen von der Langen Brücke her — die Grünröcke kehren aus ihren Waldschießständen mit klingender Waldhornmusik vom Preisschießen zurück. Da, aus anderer Richtung erneuter Musikschall, eine Kompanie des 1. Bataillons nähert sich mit „großem Schlagzeug", um die Schloßwache zu beziehen und im Anschluß daran ein halbes Stündchen vor der Kommandantur durch ihre flotten Weisen der Regimentskapelle die Umstehenden zu erfreuen — es war einmal. Ertönte an der Nauener Straße die zündende Weise des Preußenmarsches, dann war sicher ein Festtag. Die Salutbatterie ritt mit wehendem Haarbusch in den Lustgarten ein, um Kaisers Geburtstag oder eine Prinzengeburt durch Salutschüsse zu künden. Oft erklang es aber auch wehmütig:

Ich hatt' einen Kameraden.

Dann bewegte sich eine Leichenparade zur Langen Brücke, um einen stillen Schläfer zur letzten Bahnfahrt in die Heimat oder zum Friedhofe zu geleiten. Eine Trauerfeier am frischen Hügel, dann ging es mit lustiger Marschmusik zurück in die Stadt. Dann wieder erklangen in allen Stadtgegenden Geburtstagsständchen oder das

„Freut Euch des Lebens"

zum großen Wecken auf dem Schloßhofe am Neujahrsmorgen oder Trompetenklang von der Kuppel der Nikolaikirche oder an Festtagen in der Garnisonkirche, Konzertmusik in den Gartenlokalen, bei Blumen- oder Schlittenkorsen.

Soll man noch erzählen von militärischem Gepränge bei Empfängen fremder Fürstlichkeiten, bei Einholung der Hohenzollernbrautpaare oder sonstigen Hoffestlichkeiten, zu denen die Schloßgarde und auserlesene Mannschaften des Regiments der Gardes du Corps die Galawache stellten? Vom lustigen Beiwerk der Offizier-Reitstunden und der Wettrennen auf Sperlingslust? Vom lustigen Matrosenleben auf „Kongsnaes" unter dem Komando des Yachtkapitäns Belten und an Bord der „Alexandra" bezw. der Königlichen Fregatte Royal Luise bei Luftfahrten auf den Havelseen, zur Pfaueninsel oder zur Grünauer Regatta, vom Brotempfang bei den hiesigen Bäckermeistern, als noch die Potsdamer Windmühlen klapperten, von umgekippten Heufuhren beim eifrigen „Fouragieren", vom Postenstehen der ordensgeschmückten Schloßgardisten vor Schloß Sanssouci und dem Neuen Palais, von den zum Gaudium der an den Schwimmanstalten vorüberfahrenden Dampfergäste in der Havel munter plätschernden Schwimmern, die ihre historischen Seerosenspenden für Kaiser Friedrich, ihrem unvergeßlichen „Schwimm-Kameraden" noch an dessen letzter Ruhestätte bei Gedenktagen fortsetzten, von großen Schwimmübungen der Kavallerie mit Mann und Pferd bei Caputh, vom allsonn- und festtäglichen Kirchgange der Garnison und den früher anschließenden Kirchenparaden, vom abendlichen Signalblasen der Hornisten und Trompeter als Instruktions-Stunde, von den abendlichen Gondelfahrten der Schwerenöter in angenehmer Gesellschaft, vom Noch-Bunterwerden des Militärbildes beim Eintreffen der Potsdamer Heimatsurlauber, vom Marsch zu „Vater Philipp" mit dem Kommißbrot unterm Arm? Es würde zu weit führen — —.

Die Soldatenstadt Potsdam barg aber nicht nur die Garde, sondern es war im Geiste der Vergangenheit in mehrfacher Beziehung die Wiege der Armee. In der Kadettenanstalt und in der Kriegsschule wurde der Offizier-Nachwuchs, in der Unteroffizierschule ein tüchtiger Unteroffizierstamm und in der Militärschule des großen Militär-Waisenhauses der Zögling allgemein für den Soldatenstand herangebildet, während das Lehr-Infanterie-Bataillon die Infanterie repräsentierte und unser reges Kriegervereinswesen die Ueberlieferungen aller Truppenkörper — ob Garde oder Linie — in unerschütterlicher Treue bis zur Stunde aufrecht erhält.

Dann kam der Weltkrieg — —. Er hat Potsdam seiner stolzen Garde beraubt, die zum großen Teil — Offizier und Mann — auf dem Schlachtfelde verblutete und in ihrem stolzen Restbestand schließlich auf Befehl des Feindes trotz errungener Lorbeeren völlig aufgelöst werden mußte.

Seitdem ist nun die altpreußische Soldatenstadt ihres eigentlichen belebenden Elementes beraubt. Nur der Geist der alten Garde, der Potsdamer Geist, den unsere Feinde zu fürchten gelernt haben, ist ewig unzerstörbar.

Er lebt weiter in dem Stamm unserer braven Reichswehr, dessen kräftige Keime entwicklungsfähig erhalten werden zu neuem Erprießen und Blühen, er regt sich gar gewaltig in den Kreisen der über das ganze Land verstreuten Offiziers-Verbände, Kriegervereine und altgedienten Soldaten, vor allem auch in ihren bewährten Führern und in allen patriotischen Herzen. Zahllose Zusammenkünfte und Veranstaltungen — man braucht nur an die Regimentstage und Denkmals-Enthüllungen zu denken — haben es bewiesen.

Ja, der Potsdamer Geist lebt, und daß er sich weiter regen und erhalten möge, sei unsere unzerstörbare, geheiligte Hoffnung:

Denn einst wird kommen der Tag — —.

Verklungenes Wirtshausleben.

Dem Wechsel der Zeitverhältnisse ist in den letzten Jahrzehnten gar manche öffentliche Gaststätte zum Opfer gefallen; die Ursachen bilden mit den begleitenden Umständen ein Stück Heimatgeschichte.

Bevor an der Chaussee nach Rehbrücke der umfangreiche Gebäudekomplex der Provinzialanstalten für Epileptische erstand, befand sich dort ein vielbesuchtes Gartenlokal. Da auch die Eisenbahner-Kolonie „Daheim" noch nicht errichtet war, sondern sich nur nach der Neuendorfer Seite, im äußersten Zipfel des Kleinen Exerzierplatzes einige kleine Wohnhäuschen befanden, so erfreute das vom Wald begrenzte Lokal sich einer verlockend idyllischen Lage. „Bei Mertens" (später Dämmert) fanden die meisten Schulfeste statt, da das ausgedehnte Waldgelände der Jugend reiche Gelegenheit zum Austollen und Spielen bot. Familien suchten es auch zum Kaffeekochen auf. Sonntags lockte Gartenkonzert, Eintritt einen Groschen. Wer jenseits im Walde Platz genommen hatte, genoß Freikonzert. Solches wußte mancher findige Familienvater aber auch im

Garten selbst zu ermöglichen. „Junge, nimm mal meinen Hut und Stock, geh vorauf und besorg' einen Platz, ich komme gleich nach." So ging Vater später frei an der Kasse vorüber; denn wer hutlos war, von dem wurde vorausgesetzt, auf Wunsch wurde es auch mit dem Brustton ehrlicher Ueberzeugung bekräftigt, er sei schon Gartengast gewesen und bloß einmal nach dem Wald gegangen — sonst hätte man doch einen Hut auf. Großen Zulauf fand ein origineller Wettlauf zwischen einem Pferde und dem Schnelläufer Käpernick, immer um den Garten herum. Auch die tanzlustige Welt fand sich abends ein, um sich nach dem beliebten Texte:

„Ach nur noch ein einziges Mal
Lasset uns tanzen bei Mertens im Saal"

im Walzertakte zu wiegen. Der Familiencharakter des populären Lokals verlor sich später, als in ihm eine Singspiel-Truppe auftrat. Der Verkehr änderte sich hiermit vollständig, und gar bald darauf wurden denn auch die Pforten geschlossen.

Oberhalb der Bierkellereien der Brauerei von Gebr. Hoffmann (jetzige Vereinsbrauerei), an der Ecke der Saarmunder und Luckenwalder Straße, befand sich in luftiger Höhe ein Gartenlokal mit großen Hallen- und Saalräumen. Ein steinerner Gambrinus lockte von einem Eckpfeiler nicht vergeblich mit schäumendem Glase. Unter dem schattigen Laubdach war bei einem guten Tropfen behagliches Rasten, zumal, wenn abends Konzertmusik einer Militärkapelle erklang. Kein leerer Stuhl aufzutreiben war gelegentlich der Schützenfeste, an denen auch im kleinen Saal gesungen wurde. Fritz Müseler war dort zum volkstümlichen Wirt geworden, bevor er das Konzerthaus übernahm. Anschließend in der Saarmunder Straße führten Treppen hinauf zur „Kaiserhalle", in der Vater Giesebart lange Jahre große Anziehungskraft übte. Das im Schweizerhausstil gehaltene Lokal mit Saal und Bühne wurde von Billardspielern besonders geschätzt. Der Zudrang zu den beiden im Ruf stehenden Billards war so arg, daß man nach beendeter Partie aufhören mußte, um den nächstnotierten Bewerbern Platz zu machen.

Neuerdings ist auch „Wackermannshöhe" geschlossen, nachdem die Brauerei von Adelung und Hoffmann, zu der sie in engster Beziehung stand, den Betrieb eingestellt hat. Fremde genossen dort vor dem Verlassen der Stadt den prächtigen Anblick des Sonnenunterganges und bewunderten das Panorama der Stadt und der weiten Havellandschaft mit ihrem wechselreichen Boots- und Dampferverkehr. Ein bevorzugtes Getränk war die perlende „Potsdamer Stange". Konzerte der Garde-Jäger-Kapelle und Pfingst-Frühkonzerte vermittelten regsten bürgerlichen Verkehr. Waren abends bei festlichen Anlässen auf dem Neuen Palais großes Feuerwerk und Zapfenstreich, so kehrten Wissende dort ein, um aus der Ferne in Lichteffekten zu schwelgen. Der angrenzende Brauhausberg, zu dem man durch eine direkte Pforte gelangte, bot einen weiteren Anreiz. Jetzt dienen die Räume Wohnzwecken, und der Garten soll einem Arzt zur Verfügung gestellt werden.

Mit dem Eingehen einer weiteren Brauerei von Meyer hängt auch die Schließung des idyllischen Strandlokals „Neuer Cornow", unmittelbar hinter Kolnie Cecilienhöhe an der Templiner Chaussee, zusammen. Zwischen Wald und Wasser belegen, suchten es gleich gern Spaziergänger und Wassersportler auf. Ein wohlgepflegter Garten bot angenehmes Verweilen, während Kegelbrüder ihre Bahn in Besitz nahmen. Beim Lesen dieser Zeilen schwelgen wohl auch so manche Alten in seliger Erinnerung an die erste Zeit der jungen Liebe, die sie am Strande dieses idyllischen Plätzchens nach einer Lustfahrt vom Kiez über die Havelbucht im trauten Beieinander durchlebten. Eine Mälzerei wurde die Nachfolgerin dieses Etablissements.

Mehr im Hauptzuge des Wasserverkehrs bildete die Freundschaftsinsel einen nicht minder begehrten Haltepunkt für Ruderer. Familien samt Kinderwagen wurden vom Strande des jetzt noch bestehenden Festlandslokals in der Burgstraße her per Kahn oder Fähre „gratis und umsonst" nach der Insel befördert, unter deren altem Baumbestand es sich gut sein ließ. Auch hier konnten Familien Kaffee kochen, und zwei Kegelbahnen standen selten unbenutzt. Vater Böhme sowohl als auch später seine Nachfolger Schönemann und Sohn wußten es jedermann heimisch zu machen. Alte Potsdamer erinnern sich hierbei gewiß der venezianischen Abende, an denen mit lampiongeschmückten Gondeln die Teilnehmer zwischen dem Kaffee Humbold (jetzt Palasthotel), der Freundschaftsinsel und dem Höneschen Brauerei-Ausschank (auch diese Brauerei „war einmal") von einem Strand zum andern befördert wurden gegen einmaliges Entgelt für Gondelfahrt und Konzert an allen drei Stätten. Auf der Insel zeugt heute Hühnergegacker von ihrer Wandlung in Laubenland.

Viele Jahrzehnte hatte die Destillation des Kaufmanns Müller bestanden, die sich an der Ecke der Saarmunder- und Alten Königstraße befand. Die Babelsberger Straße war noch nicht erschlossen, es führte nur ein Weg bis zu den Mühlenhäusern. Der Weg nach Nowawes ging lediglich um die Müllersche Ecke herum, und die nun schon lange einem modernen Neubau mit Konditorei und Kaffee gewichene Schankstätte von „Schmalz-Müller" erfreute sich daher regsten Zuspruchs. Auf dem Weiterwege nach Nowawes, gegenüber den Nuthewiesen, bildete die „Neuendorfer Vereinsbrauerei" (Garten- und oberes Saallokal) gewissermaßen den Grenzpunkt zwischen Potsdam und Nowawes. Heute ist dort Bahngelände.

Blickt man sich weiter um innerhalb der Stadt, so muß man sich auch vom Entschwinden vieler Hotels und Weinstuben überzeugen. Durch Großbanken aufgesogen sind das erstklassige alte Hotel „Deutsches Haus" in der Schloßstraße sowie die altrenommierten Weinstuben von J. C. Lehmann an der Schloß-Ecke sowie von Hormeß & Söhne an der Ecke des Kanals und der Nauener Straße. Hugo Niedt, Wilhelmplatz 9, als Münchener Bierstube der Sammelpunkt vieler Kenner eines guten Tropfens, die ihre Kehlen zum Teil aus Litertöpfen labten, auch Parteilokal der Konservativen, ist der Nationalbank für Deutschland gewichen.

Die Weinstuben des „Ungegipsten", Oswald Nier, in der Kaiserstraße (später Hohewegstraße) und von Mick in der Schwertfegerstraße gehören ebenfalls längst der Vergangenheit an. Das Hotel „Fürst Blücher", Ecke der Brauerstraße und Blücherplatz, hat sich in Magistratsbüros gewandelt. Es wurde eine Zeit lang durch einen Trick eines früheren Inhabers, Zschiegner, des Gatten der bekannten Luftfee Preziosa Grigolatis, besonders stark besucht. In Resau, einem kleinen Dorfe hinter Werder, hatte es gespukt. Es waren Bratpfannen, Kohlrüben und Kohlenstücke „von Geisterhand" geworfen worden. So hieß es und so plauderten ganz Berlin und viele andere Orte, aus denen wochenlang zur Bereicherung des Krugwirts eine gewaltige Völkerwanderung nach dem bisher unbekannt gewesenen Dörfchen begann. Man wollte sich selbst überzeugen, tat es auch und trug zu immer größerer Verbreiterung des Spukgerüchtes bei, bis endlich ein 16jähriger Bursche Wolter als Unfugstifter entlarvt und vor Gericht gestellt wurde. Nach Verbüßung der Strafe wurde der Spukknabe von Zschiegner als Pikkolo engagiert und gestaltete sich wirklich auf lange Zeit zu einer Zugkraft. Auch Heinickes Wiener Kaffee und Konditorei in der Berliner Straße ist nicht mehr.

Das Warenhaus von M. Hirsch hat zwei größere Lokalitäten verschlungen. Beckers Gasthof mit Ausspannung in der Jägerstraße, bekannt durch die Omnibusverbindung des Inhabers mit Bahnhof Drewitz und der von ihm eingeführten Orchestrion-Konzerte, und dann in der Brandenburger Straße das modern ausgebaute Hotel Zimmermann (ehemals Thiedes Gasthof) mit Vereinszimmern und großem Saal, der Sammelpunkt weiter Bürgerkreise. Das Hotel Neumann an der Ecke der Brandenburger- und Jägerstraße besteht als solches ebenfalls nicht mehr. An das „Hotel" Heinerici erinnern nur noch die ihren Namen davon ableitenden „Heinerici-Lichtspiele". Ein viel besuchtes Bürgerlokal von Schade befand sich Junkerstraße 21. An die Vergänglichkeit der Potsdamer Brauereien (außer den oben schon erwähnten noch Bauer, Müller, Ad. Voigt, Kerkow, Burghalter, später Lamm und W. Senst) erinnert das jetzige Restaurant Hannemann, Lindenstraße 59, bis vor 21 Jahren der Ausschank der daneben, Nr. 60, befindlich gewesenen Brauerei von Emil Bauer.

Im einstigen „Zur Stadt Rom", Waisenstr. 4, waltete früher Vater Siegert (vormals Preuß), allgemein „der heilige Vater" genannt. Seine Senstsche Weiße mit einem lütten Kümmel als

„Grademacher" schaffte manchem Bürger, der zu einer Partie Whist oder einer gemütlichen Aussprache erschienen war, wohliges Behagen. Die heutige Generation findet ein solches in der jetzigen „Fledermaus-Diele" in moderner Richtung, gleichwie im benachbarten „Walhalla-Varieté", in dem ursprünglich der alte Berggren die Bäcker-Herberge etabliert hatte, in der Papa Geitner als langjähriger Altgeselle seines Amtes waltete, ein allzeit lustiger, jovialer alter Herr.

Wo heute die prächtigen Schmuckanlagen mit ihrer Rosenfülle und anderen Blumenbeeten eine Augenweide für jeden Beschauer bilden, hatte Napoleon I. 1806 Militärställe mit der Stadtmauer verbunden, die sich vom Brandenburger- bis zum Jäger- und Nauener Tor erstreckten. Nach der Stadtseite entstanden dadurch die Brandenburger- und die Jäger-Kommunikation, deren Bewohner von dem ausströmenden Stalldunst und den umherschwirrenden Insektenschwärmen wenig erbaut waren. Nach der Vorstadtseite begrenzten die Ställe die Obelisk- und die Mauerstraße. In der ersteren befand sich dort, wo heute moderne Wohnhäuser errichtet sind, zwischen Luisenplatz und Obelisk-Lichtspielen der Gasthof „Zum weißen Roß". Lag er an der Heerstraße nach Nauen, so befanden sich für den bedeutsamen Fuhrwerksverkehr nach Berlin unweit des Berliner Tores in der Neuen Königstraße 3 ebenfalls besonders stark in Anspruch genommene, althistorische Gasthöfe. Die Eckhäuser links und rechts am Zugang zur Holzmarktstraße bargen das „schwarze" und das „braune Roß", gegenüber dem ersterwähnten war der „goldene Stern". Die hölzernen Futterkrippen als alte Gasthofswahrzeichen vor den Türen sind verschwunden. Das braune Roß hat sich längst in einen stolzen Eckpalast mit modernen Läden verwandelt, während das schwarze ebenfalls einem Neubau weichen mußte, als Opfer der modernen Automobil-Industrie, die schon manchem Gaule zum bösen Verhängnis geworden ist. Sie hat auch den goldenen Stern zum Erlöschen gebracht. Um keinen „Mißklang" zu wecken, bleibt eine Schankstätte, die sich einstmals etwa auf dem Gelände des jetzigen Brendelschen Stifts in der Holzmarktstraße befunden hat, am besten unerwähnt, zumal sie keineswegs dem allgemeinen bürgerlichen Verkehr galt.

Zwischen Jäger- und Nauener Tor bedeutete es für die Bürgerschaft, und namentlich für die Anwohner der Jäger-Kommunikation, ein „Freudenfeuer", als Anfang der neunziger Jahre die Stallgebäude in Flammen aufgingen. Nun wurde die so lange versteckt gewesene Häuserreihe frei, es entstand eine breite Promenade, und die Anwohner befleißigten sich entsprechender Modernisierung bzw. einer freundlicheren Gestaltung ihrer Hausfronten, voran der bisherige langjährige Inhaber des früheren Postkellers am Wilhelmplatz, Bussenius, als billiger Speisewirt und Lieferant für die Postnachbarn recht geschätzt. Er errichtete ein stattliches Eckhaus an der Ecke Waisenstraße und in den Parterre-Räumen ein Bürgerlokal, das sein Nachfolger Ferdinand Richter später „Gerichtslaube" taufte, in Beziehung auf das gegenüber befindliche Landgericht und die sich z. T. aus dessen Besuchern und Beamten rekrutierende Kundschaft. Die verbreiterten Straßenzüge erhielten alsbald unter Wegfall der Bezeichnung „Communikation"- sowie „Obelisk"- und „Mauerstraße" die Namen „Hohenzollern"- und „Kaiser-Wilhelm-Straße". Die „Gerichtslaube" dient nunmehr privaten Wohnzwecken gleichwie die „Gambrinusquelle" in der Mittelstraße 7.

Anläßlich des bevorstehenden Neubaues der Kaiser-Wilhelm-Brücke (unter Kaiser Wilhelm I. von 1886—88 erbaut) eröffnete Frau Winkelmann aus Bierraden bei Schwedt a. O. ein geräumiges Kellerlokal neben dem Palast Barberini.

Die stets vorrätige Auswahl schmackhaftester Speisen und Getränke bei billigster Preisberechnung schuf bald eine treue Kundschaft, die dort manche frohe Stunde verbrachte. Auch das war einmal, heute lagert die Stadt als jetzige Besitzerin des Palast Barberini dort Kartoffeln für die Bevölkerung. Längst erledigt ist auch der „Schloßkeller" in der Schloßstraße, gegenüber dem Leib-Reitstall des Kaisers, insonderheit den Marstallbediensteten als Speisewirtschaft dienend, erledigt auch die verschwiegen belegene Marstall-Bierstube von Conrad in der Siefertstraße, nachdem dort moderne Wohngebäude errichtet worden sind.

Grand café chantant zur goldenen Felsengrotte in der Burgstraße, gegenüber dem Freundschafts-Insel-Lokal, lockte die Welt, die sich einer leichtgeschürzten Muse erfreuen wollte, bis Anfang der achtziger Jahre an. Heute zeugt keine Spur mehr von dem Vorhandensein dieser Spezialitätenstätte, wie sie ähnlich vordem auch in verschiedenen anderen Schankräumen bestanden hatten. Verklungen ist auch das Saitenspiel Vater Walters, des privilegierten Knecht Ruprecht bei den Weihnachtsfeiern des Märkischen Gastwirtsvereins, der zur Gitarre, in so manchem Lokal seine Schelmenlieder zum Besten gab:

„Bums, — da fiel 'ne Lampe um,
's roch alles nach Petroleum"

oder

„Im Kanal und im Bassin
Sieht man keine Enten schwemm'n".

Auch Wurst-Lehmann, der mit dampfendem Wurstkessel am Halsriemen von Lokal zu Lokal zog, um, von den Wirten wohlwollend geduldet, seine Knobländer den Gästen anzubieten: „Warm sind sie noch —" war eine volkstümliche Erscheinung. Er fand willige Käufer, da er seine Ware „ohne Hufnagel" vom Hofschlächter Ernst Blümel aus der Junkerstraße bezog.

„Lang', lang' ist's her", daß der alte Wischke im „Elysium" den Schlachtenbummlern, d. h. den Zuschauern der militärischen Uebungen auf dem Bornstedter Felde als Frühstücksgericht Spargel eigener Zucht und dazu, gleichwie seinen bevorzugten Whistspiel-Stammgästen als besondere Spezialität eine „Sand-Weiße" vorsetzte, daß ferner Vater Romkopf in der Berliner Straße zur Abendzeit kesselweise Pellkartoffeln kochen ließ, um sie den Soldaten für 'nen Sechser die Portion frischweg in die vom Kopf genommene Feldmütze zu schütten, daß endlich — so um 1860 herum — ein Schwanenwirt im „Potsdamer

Intelligenzblatt" in drastischer Zusammenstellung ankündigte:

„Heute abend delikaten Hasenbraten.
Auch habe eine Fuhre Dung abzugeben.
Der Wirt."

Wer entsinnt sich wohl noch des alten Spießbürger-Lokals von Reichel in der Mittelstraße, auf der Nordseite zwischen Kreuzstraße und Nauener Kommunikation? Da saßen die Alten aus dem holländischen Viertel abends in Hausschuhen, mit Schlafrock und Käpsel, im Munde die lange Pfeife, bei einem Gläschen einfachen Braun- und Bitterbiers im gemächlichen Geplauder. Einen Rausch bekam davon niemand, und die Gespräche waren nicht politisch aufregend. Großvater Hölzel, ein Sonnabends-Stammgast, erzählte Geschichten, die er pünktlich mit dem bestimmten Glockenschlage abbrach. Da half kein Zureden, doch zu Ende zu erzählen, denn am nächsten Morgen wollte der alte Herr wohlvorbereitet seinen regelmäßigen Kirchgang antreten und deshalb pünktlich seine gewohnte Ruhe aufsuchen. Kreuzstraße 16 war Schirmers Ausschank mit Garten. Nur kurz befristet war das Dasein einer Schankstätte an der Ecke der Charlotten- und Hoditzstraße, dem heutigen schmucken Neubau der Frau Klara Kauder, der an die Stelle des altertümlichen Wohngebäudes des viel genannten Bankiers Eduard Mertens getreten ist. Der ehemalige Pauker des Regiments der Gardedukorps, Spandow, verstand durch zahlreichen Bekanntenkreis und seine reiche Unterhaltungsgabe das ehemals Benkesche Bierlokal, Berliner Straße 4, auf die Höhe zu bringen, das besonders auch durch die Nähe des Bezirkskommandos profitiert hatte; die veränderten Zeitverhältnisse veranlaßten, daß sich dort jetzt nur noch Wohnräume befinden. Dasselbe ist bezüglich Louis Schauers Restaurant, Berliner Straße, der Fall, das von viel lustiger Kurzweil bei vortrefflichster Verpflegung und begehrten „Schlachtefesten" erzählen kann.

Vor dem Nauener Tor in der Spandauer Straße nahm den jetzigen Regierungsbauplatz das großzügige Ball- und Garten-Etablissement „Voigts Blumengarten" ein, der Sammelpunkt der Bürger-Ressourcen und in seiner vornehmen Ausstattung ein viel besuchtes Vereins-, Ball- und Konzertlokal. In letzter Beziehung werden alten Potsdamern die großen Promenaden-Konzerte der Kapelle des 1. Garde-Regiments zu Fuß unter Fr. W. Voigt noch in bester Erinnerung sein. Sternke, später Edelmann und schließlich

Werner (scherzweise „der graue Zwerg" genannt) waren die wechselnden Besitzer. Für Fremde bestand eine besondere Zu- und Abfahrt. Diese trafen in den am Bahnhof bereitgestellten Landauern, genannt „Gesellschaftswagen", ein. Zuletzt waltete Rosenberger in dem Lokal, der es „Deutscher Kaisergarten" taufte und es dadurch in besonderer Erinnerung zu erhalten wußte, daß dort die Chinatruppe vor ihrer Ausreise nach Kiautschou heimisch wurde. Auch die Dahomey-Truppe schlug dort in ihrer nackten, geölten Wildheit längere Zeit ihr Asyl auf. Dann stürzte auch hier das Alte, und neues Leben in Gestalt des imposanten Regierungsgebäudes stieg aus den Ruinen.

Unweit davon befand sich an der Ecke der Alexandrinenstraße das Ball- und Garten-Etablissement „Colosseum", einst unter Knochenmuß als „Volkstheater" täglicher Magnet für Viele, so recht volkstümlich geworden aber doch erst durch den unvergeßlichen, gleich rede-, musik-, gesang- und rauchfreudigen Rud. Buttke, dessen allzeit joviales Wesen und unzerstörbarer, urwüchsiger Humor alsbald zahlreiche Vereine und militärische Kreise anzog, die dort mit Vorliebe tagten und ihre Vereins- und Militärbälle, auch andere Festlichkeiten abhielten sowie Verbandstage und Ausstellungen veranstalteten, bei denen die geschäftige und im Küchenbereiche wohlerfahrene Frau Buttke stets ihren Hauptanteil zum Wohlbehagen der Gäste beitrug. Stammgästen wird der urgemütliche Pfeifenklub im „Jagdzimmer" unvergeßlich sein. Stets auf Abwechslung bedacht, etablierte „Onkel Lukas" auch vorübergehend den „Zirkus Blumenfeld" im großen Saal und schuf durch das regelmäßige Gastspiel der „Norddeutschen Sänger", im Sommer im lauschigen Konzertgarten, vermehrte Kurzweil. Heute lautet die Firma: „Möbelhaus Colosseum".

Das Theaterbedürfnis scheint früher überhaupt viel reger gewesen zu sein, als an Ersatz durch Kino noch nicht zu denken war und höchstens zur Belehrung der Schuljugend unbewegliche Lichtbilder und Panoramen vorgeführt wurden. Neben dem „Volkstheater" und dem an fünf Tagen der Woche geöffneten Schauspielhaus (zwei Tage waren für Brandenburg reserviert) florierte unter Dahlenburgs Direktion und musikalischer Leitung von Theodor Priem, zwei gleich populären Gestalten, die Zentralhalle (später Thalia-Theater, jetzt Konzerthaus). Von einem solchen Zudrang, wie zu den täglichen Veranstaltungen in diesem, dem Volksempfinden vollauf genügenden „Kunsttempel" kann sich heute niemand so leicht einen

Begriff machen. Stundenlang vor Beginn des einleitenden Konzerts füllten sich Galerie und Saalraum, so daß die Besucher sich auf Treppen und Zugangsfluren sowie in den Gängen fest eingekeilt stauten und auf der linken und rechten Galerie je ein handfester „Rausschmeißer" für Störenfriede postiert werden mußten. Ein solcher war draußen, ehe er es versah. Er wurde am Rockkragen erfaßt und über die Köpfe der Menge hinweggehoben, bis er festen Fuß faßte und sich an der frischen Luft fühlte. Das wurde als gar nicht so seltenes lustiges Intermezzo mit in den Kauf genommen. Die Fülle war kein Wunder. Es regnete in der Stadt förmlich Freibillette für Galerie und zweites Parkett. Man hatte gegen ein solches Billett nur ein Programm für einen Groschen zu erwerben, und der Eintrittspreis war erledigt. Die Masse und der Bierkonsum mußte es eben bringen. Die Besucher brachten ihr Abendbrot mit und sparten zu Hause Licht und Feuerung. Dafür genossen sie Musik, Theater, Akrobatik und Gymnastik. Die Loge rechts, nur für Offiziere reserviert, war meist dicht besetzt. Offizierbesuch fand sich auch zu den Kavalier-Maskenbällen ein, bei denen der Eintritt 1 Taler kostete und zu denen Theater-Schönheiten aus Berlin als belebendes Element hinzugezogen wurden. Der Garten an der Augustastraßen-Front wurde später in einen Skating-Rink umgewandelt. Sonntags begannen im Volkstheater und in der Zentralhalle die Theater-Vorstellungen schon so zeitig, daß sich noch öffentlicher Ball anschließen konnte.

Wenn man von verklungenem Wirtshausleben berichten will, muß man auch der unvergeßlichen Schinkenstullen für 2½ Silbergroschen gedenken, mit denen der Krugwirt Horn in Bornim sowie sein Kollege Völke in Bornstedt, auch die Dorfwirte Krüger in Eiche, Zech in Golm, Werl in Nedlitz und Müller in Kuhfort die sie besuchenden Spaziergänger beglückten. Große Bauernbrotschnitte mit frischer Landbutter und dem herrlichsten Landschinken erwiesen sich als zugkräftige Köder. Bei einem Spaziergang über Glienicke und Babelsberg kehrten Kenner in der Bierstube des Schlächtermeisters Langer in Nowawes ein, wo Braten, warme Wurst und sonstige Köstlichkeiten in appetitlicher Aufmachung preiswert serviert wurden. Zum Herunterspülen der Fettigkeiten genehmigte der Schlemmer wohl noch ein Achtel (Quart) Wiemerschen oder dgl., wenn er es nicht mit der kühlen Blonden und dem Grädemacher hielt. Ein Seidel oder eine Stange Bitterbier tat es auch wohl bei Genügsamen. Beim

Durchschreiten der Nowaweser Straßen gab das aus jedem Hause dringende Geklapper der Handwebstühle das Geleit, wenn die fleißigen Weber nicht gerade, behaglich auf die Rasenflächen vor ihren Arbeitsstätten hingestreckt, neue Kräfte zu emsigem Weiterschaffen nach beendigter Pause sammelten.

„Familien können Kaffee kochen" war gebräuchlich, wohin man auch schritt. In Eiche und auch anderswo tanzte die junge Welt nach der Harmonika auf dem „Pariser" mindestens ebenso lustig und flott, wie heute nach dem modernsten Ballorchester.

Am Ende der Großen Weinmeisterstraße, unweit des Einganges zur Meierei des Neuen Gartens, bestand lange Jahre das Café Pfingstberg, vorübergehend verbunden mit der Molkerei des Schweizers Fuchs. Während diese schon früher eingegangen war, ist nun auch der Schankbetrieb eingestellt worden.

Holla, Wettrennen in Sperlingslust. In langer Wagenkette rollen die Mitglieder des Berlin-Potsdamer Reiter-Vereins bzw. alle Offiziere der Garnison Potsdam, Berlin und Charlottenburg mit ihrem Damenflor dem Gelände zwischen Neubabelsberg und Nowawes zu, das jetzt mit Villen, Fabrik- und Straßengelände besetzt ist. Rennbahnbesucher aus Potsdam, Nowawes und Berlin umdrängen die Sperrlinie und verfolgen gespannt die einzelnen Rennen, um nach Schluß in Massen das Griebnitzsee-Garten- und Strandlokal heimzusuchen, das sich gegenüber der Rennbahn befand und im Nu überfüllt war. Auch sonst kehrten Spaziergänger und Familien dort gern ein, viele, um sich ein Boot zu leihen und den Griebnitzsee zu überqueren. Drüben lud der schattige Wald zu „Bäumchen, Bäumchen verwechselt euch" und sonstigen kurzweiligen Spielen ein. Heute sucht der Fremde vergeblich nach einer Spur dieser gastlichen Stätte, wenn auch auf der gegenüberliegenden Seite unweit davon Ersatz geschaffen ist.

Dem Frühjahrsrennen des Reitervereins auf Sperlingslust schloß sich alljährlich das viel besprochene Spargelessen der Mitglieder im festlich mit Fahnen geschmückten Restaurant Glienicke an, bei dem die Champagner-Bowle weniger trinkfesten jüngeren Herren oft etwas verhängnisvoll wurde. Abends standen dann an der Glienicker Brücke Sommerwagen der Potsdamer Pferdebahn in langer Reihe bereit, um, mit schmetternder Militärmusik im Musikwagen voraus, die Fahrt zur Stadt anzutreten, wobei diese mehrfach unterbrochen wurde, um höheren Vorgesetzten und Standespersonen ein lustiges Ständchen zu bringen.

Nach dem Zapfenstreich nahm das Deutsche Haus dann noch den Rest der standhaft gebliebenen Korona auf. Die vornehme Lage des Restaurants mit Speisebalkons zwischen den beiden Parks Glienicke und unmittelbar am Eingang zum alten Park machte es zum begehrten Fremdenlokal und zum Treffpunkt eines erlesenen Publikums. Konzerte mit Feuerwerk, besonders die großen Pfingst-Frühkonzerte des 1. Garde-Regiments z. F., förderten den Besuch. Der Inhaber Hager nannte sich Hof-Traiteur, ihm folgte Hof-Traiteur Gustav Fernau nach. Für den vornehmen Charakter des Etablissements spricht die Tatsache, daß es eine Pachtung aus prinzlichem Besitz war, die längst wieder aufgehoben ist. Jetzt hat Prinz Friedrich Sigismund nach entsprechendem Umbau seine Heimstätte dort erwählt.

Erinnerungen an die alte „Neue Welt" in Bornstedt, vom verstorbenen, äußerst volkstümlich gewesenen Bartmuß, in den jetzt von seinem Schwiegersohn Hans Geißler betriebenen modernen Bierpalast „Garde Schießstände" umgewandelt, rufen das alljährlich im Katharinenholz im Beisein von Mitgliedern der kaiserlichen Familie und der Hofgesellschaft stattgehabte historische Adler= schießen des Offizierkorps des 1. Garde-Regi= ments z. F. ins Gedächtnis zurück. Es wurde, wie auch der Gedenktag von St. Privat, zum Volksfest und veranlaßte stets einen Massenbesuch.

Sommer-Sonnenglanz! Fontänen rauschen, Blumenduft und Blütenpracht ringsum, aus lauschigem Grün lugen leuchtende Marmorgebilde. Nach dem Hin und Her im ausgedehnten Parkrevier Sanssouci strebt die nach einem Labetrunk dürstende Menge der Spaziergänger durch den Sizilianischen Garten der Maulbeer-Allee zu, um unter grünem Laubdach im Café Bluhm Erholung und Erquickung zu suchen. Kein Parkbesucher, ob heimisch oder fremd, der dort nicht halt gemacht hätte. Die aromatische Tasse Kaffee bei Bluhm, dem Eigentümer dieser einzigartigen Erholungsstätte, der sich der nachbarlichen Gunst Friedrich Wilhelms IV. und Wilhelms I. zu erfreuen hatte, die gegen ihn das vertrauliche „Du" anwendeten, mochte niemand missen, auch für einen guten Tropfen und schmackhaften Bissen war stets Sorge getragen. Die Gästeschar, unter der sich in Gesellschaft Friedrich Wilhelms IV. einstmals auch Kaiser Nikolaus von Rußland befand, der es sich mit seinem Königlichen Gastgeber unter schattigem Kastanien-Laubdach wohl sein ließ, erneuerte sich fortgesetzt und belebte dadurch ein interessantes Wechselbild für den Beschauer. Das Hauptaugenmerk der Gäste richtete sich auf die zum

Neuen Palais vorbeifahrenden oder von dorther kommenden Hofequipagen. Nach kurzer Rast ging es hinauf zu den Orangerie-Anlagen, vorbei an der lebhaft bestaunten Farnesischen Stiergruppe, an der Riesenstatue der Thusnelda vorbei durch den Paradiesgarten und das Klappgitter in den Park zurück, um an dem japanischen Häuschen und der Pferde-Fontäne vorüber den Park durch den Ausgang zur Viehmäster- (jetzt Lennéstraße) zu verlassen.

Nur wenige Schritte, und es winkte eine neue Erholungsstätte mit gemütlichen Innenräumen und großem Garten mit schattenspendendem Laubdach. Hier konnten mitgebrachte Stullen verzehrt, auch selbst Kaffee gekocht werden, es herrschte volkstümlicher Familienverkehr. Die Kegelbahn war viel in Anspruch genommen. Unter Sprie endete vor noch nicht gar langer Zeit diese altbewährte freundliche Gaststätte, die auch von fremden Vereinen und Schulen bei Ausflügen wohl geschätzt war. Weiter zur Stadt, am Zimmerplatz, hat, wie auf Café Bluhm und Spries Gartenlokal, die Hofverwaltung ebenfalls die Hand auf das Gesellschaftshaus „Alter Fritz" gelegt, dessen größter Konzertgarten Potsdams durch die Konzerte des Potsdamer Männer-Gesangvereins noch in lebhafter Erinnerung sein wird. Besonders das ausgedehnte Hinterland wollte man, wie die obigen Gelände, dem Parkrevier Sanssouci für gärtnerische Anlagen angliedern. Bezüglich des „Alten Fritz" kamen nach dem Kaufabschluß mit dem letzten Besitzer Schreiner hinderliche Kriegsverhältnisse dazwischen, so daß die Lokalitäten, besonders die Saalräume, vorerst noch weiter dem Publikum zur Verfügung gestellt sind. Auch dieses Ball- und Gartenlokal wird mit seinen Ballfestlichkeiten und regelmäßigen Donnerstags-Theater-Veranstaltungen unter dem langjährigen Inhaber Schmidt und seinem großzügigen Nachfolger Schreiner in bleibender Erinnerung bleiben.

Verklungenes Wirtshausleben — es wird noch oft und lange nachhallen in vielen Ohren und Herzen.

Wochenmarkt in alter Zeit.

Wie war es doch so ganz anders in der guten alten Zeit beim Besuch unserer Wochenmärkte. Mit einem harten Taler in der Tasche ließ sich der erforderliche Haushaltungsbedarf schon recht reichlich eindecken.

Es wurde noch nicht jeder Kohlkopf ängstlich zugewogen und in Stücke zerschnitten, um die gewünschten Pfunde oder halben Pfunde auszugleichen. Die Köpfe lagen zur Auswahl bereit. Sie wurden durch Befühlen auf ihre Festigkeit geprüft, und je nach Größe begann dann das Handeln um den Stückpreis, etwa einen Groschen, sechs Dreier oder so. Das gleiche war mit Kohlrüben der Fall, die vom Sechser aufwärts zu haben waren. Rüben wurden, wie auch die Kartoffeln, in Metzen zugemessen, deren gehäufte Fülle mit Gegenhalten der gewölbten linken Hand erzielt wurde. Die Preise blieben ziemlich gleichmäßig und das Kaufgeschäft erledigte sich ungleich glatter, da auch kleine Münze reichlich zur Hand und jedem geläufig war, mithin das Wechselgeschäft kaum störend in Betracht kam. So großes

Marktgedränge, wie heute, war allerdings auch noch nicht vorhanden, da die Einwohnerzahl noch um mehr als 20 000 geringer war und der Marktumfang gleichzeitig bescheidenere Grenzen hatte.

Mehr wie heute waren aber noch die Bauerfrauen aus der Umgegend persönlich vertreten, um ihre Ware direkt der Kundschaft zuzumessen, die meist eine feste Dauerkundschaft war. Das spiegelte sich in kleinen Gefälligkeiten wieder, indem für eine gute Kundin gelegentlich eine Kruke voll Ziegenmilch oder ein Landbrot und dergleichen mehr mitgebracht wurden. Viele Landfrauen hielten sich noch eine erfahrene Vertrauens-Person, die ausmessen half. Die Hausfrauen unterschieden ganz genau, wo die besten Landprodukte zu haben waren. Teltower Rübchen und Kartoffeln mußten, so behaupteten viele, von den Stahnsdorfer Bauern bezogen werden, die damals noch während des Mittwoch-Marktes vor dem im Erdgeschoß des Rathauses untergebrachten Albrechtschen Schuhmacher-Keller in der heute marktfreien Scharrnstraße Aufstellung genommen hatten. Nach der Entwicklung Stahnsdorfs zum Villen-Vorort von Berlin haben es infolge von Geländeverkäufen heute allerdings viele dortige Einwohner schon längst nicht mehr nötig, das mühselige Marktgeschäft zu betreiben. Manche

Hausfrauen bevorzugten wieder die Bornimer Bauerfrauen oder andere.

Auch weißer Käse — Quark — galt damals noch nicht, wie heute, als ein sich nach dem Vollmilchpreise richtender Luxusartikel. Man kaufte ihn topfweise für einen Groschen oder in abgestochenen Stücken für einen Sechser. Unterscheidung von Molkerei- und Landbutter gab es ebenfalls noch nicht. Jede Landfrau stellte ihre Butterkiepe zur Auswahl bereit. Nach gehörigem Auskosten verschiedener Stücke mittels Messerspitze wurde ein zutreffendes gewählt, ohne jedes Bedenken, daß davon schon andere gekostet und dadurch gleichzeitig eine Gewichtsverminderung herbeigeführt hatten. Das Butterstück wurde dann fein säuberlich in ein Kohlblatt gehüllt, damit sein Inhalt kühl und frisch heimbefördert werden konnte.

Welche entzückenden Blumensträuße wurden in der Gärtnerei von Riek gewunden und dann auf dem Markte als Hausschmuck oder zu Geschenkzwecken (mit Manschette) von schöner Hand für wenige Groschen zum Verkauf gestellt. Zu Weihnachten konnte sich jedermann eine Bratgans leisten, sie war erschwinglicher denn heute, und wer einer Taube als Krankenkost bedurfte, bekam eine solche aus der Wildprethandlung von

Abel durchweg für 5 Groschen. Als Kehrseite sei auch der „frischen Landeier" gedacht, die gewisse Dörflerinnen aus einem nahen Schifferort in aller Morgenfrühe aus einem Kaufmannsgeschäft „frisch aus der Tonne" bezogen hatten. Die ausgelesenen großen wurden auf dem Markt zu Landeiern, die kleinen wanderten in billige Speisewirtschaften, die Mandel zu fünf Silbergroschen, wo sie gekocht für 'nen Sechser das Stück willige Abnehmer fanden.

Obst wurde natürlich ebenfalls nicht zugewogen. Es wurde, wenn es nicht nach Maß begehrt war, nach Tienen, Körben und appetitlich mit Weinlaub ausgelegten Körbchen dargeboten, deren ungefährer Inhalt allen geläufig war. Es herrschte in dieser Beziehung, wie auch sonst, ein vertrauensvolles Harmonie-Verhältnis vor. Zu Beginn der Kirschenzeit brachte Mutter den Kindern für einen Dreier eine kleine Kostprobe mit, die, aus Kirschen und Schoten bestehend, um einen dünnen Holzstab sehr gefällig gewunden war.

Auf dem Fischmarkte ließ man sich nach Wunsch ein Gericht zusammenstellen, um dann in die Unterhandlung über den Preis einzutreten. Nur hatte man sich davor zu hüten, daß man nicht, und das oft recht energisch, von den zungengeläufigen Fischerfrauen „aufgeboten" wurde. Man setzte sich sonst dem schadenfrohen Gespött der unbehelligt gebliebenen Zuschauerinnen aus. Meist verlief aber auch hier alles in bester Harmonie, da die gewitzigten Verkäuferinnen bald ihre „Pappenheimer" kennen gelernt hatten und sie entsprechend zu nehmen wußten.

Nahte der Herbst, so bot sich ohne langes Kopfzerbrechen an jedem Markttage bequeme und ausreichende Gelegenheit, den Winterbedarf an Kartoffeln einzudecken. In langer Wagenreihe boten die Bauern ihre Erdfrüchte feil, die Säcke geöffnet, zur Besichtigung aufgeschnittene Stücke obenauf. Der Preis war erheblich mäßiger als heute. Man gab dann seine Adresse an, und nach beendigtem Markt fuhr der Landmann durch die Stadt, um jedem Kunden seine Bestellung ins Haus zu liefern.

Bücklinge kosteten 3 und 4 Stück einen Groschen, Heringe das Stück einen Sechser oder zwei Stück für sechs Dreier und 3 für 2 Groschen. Dafür beanspruchte man aber besondere Qualitätsware.

Fleisch- und Wursteinkauf machte auch weniger Sorge, als heute. In beschränkten Verhältnissen lebende Frauen kauften für 6 Dreier

Rindfleisch und für 'nen Dreier Brühknochen bzw. für einen Dreier Talg, je nach dem, ob sie Suppen oder Gemüse kochen wollten. Für ähnliche Preise waren auch die übrigen Fleischsorten erhältlich. Und sonst hieß es: Für'n Sechser Leber- oder Semmelwurst, für'n Groschen Speck, für 6 Dreier Schlackwurst, für'n Groschen Schmalz usw. Das bekam man beim Hofschlächtermeister Blümel, Junkerstraße, ebenso bereitwillig, wie bei Ziesowsli am Nauener Tor, bei Meister Schirmer in der Kreuzstraße, bei Rabe in der Lindenstraße und an allen anderen Stellen. Für Käsebedarf, wenn er nicht vom Markt von Kirchner oder Thiemann bezogen wurde, bevorzugte man bezüglich billiger Goldleisten (Sechserkäse) Kaufmann Karl Krüger in der Mittelstraße oder das Viktualiengeschäft von Bormeister in der Schwertfegerstraße, während edlere Marken bei Blankenstein in der Nauener Straße oder bei Stackfleths (am Nauener Tor und an den 8 Ecken) eingedeckt wurden.

Heute lassen sich leider mit einem Taler bzw. 3 Rentenmark in der Tasche auf dem Wochenmarkte keine großen Sprünge mehr machen, sie gehen schon beinahe beim Einkauf von einem Pfund Butter drauf. Andererseits wird man aber auch nicht vergessen, daß in der guten alten

Zeit die Einkommensverhältnisse ganz wesentlich geringer waren, als heute, so daß hierdurch wiederum ein gewisser Ausgleich geschaffen wurde. Und man darf auch wiederum die heutige Nachkriegszeit und ihre unselige Inflationsvorgängerin nicht zum Maßstabe nehmen. O selige Zeit, wo noch mit Dreiern gerechnet werden konnte!

⍟

An der Mauer.

Etwa 60 Jahre zurück stand sie — zwischen „Paddenbrücke" und Nauener Tor — noch geschlossen da, Potsdams alte Stadtmauer, an der die Jugend aus dem holländischen Viertel und besonders das in der „Nauener Communikation" wohnende Jung-Potsdam sich austummelte. Noch unterbrach sie kein Haus und keine Straße, und außer der Ahornreihe neben dem Reitweg zeigte die Promenade „an der Mauer" keinerlei Schmuckanlage. Auch kein Mosaiktrottoir beeinträchtigte den regelrechten märkischen Streusand an der Mauer, die gewissermaßen die Schutzwand bildete für den Spiel- und Tummelplatz, dem das Laubdach des Ahorn seinen kühlenden Schatten spendete.

Nur mit den Grenadieren des Ersten Garde-Regiments z. F. mußte dieser ausgedehnte Spielplatz geteilt werden. Für sie bestand noch keine Kaserne, sie lagen im ganzen holländischen Viertel noch in Bürgerquartier und waren naturgemäß die auserwählten Lieblinge und Vorbilder für die muntere Knabenwelt.

„An der Mauer" — hieß es kurzweg, diese Worte waren der Inbegriff aller Wonnen der spielenden Straßenjugend, die sich durch Gefälligkeiten mit der ständigen Einquartierung auf bestem Fuße stand und deren ganze Soldatenzeit mit gespanntestem Interesse verfolgte. Daß hierbei der Nachahmungstrieb rege geweckt wurde, war selbstverständlich.

Dort, wo sich jetzt die Moltke- und Kurfürstenstraße schneiden, war ein kleines Pappelwäldchen („am Galgen" sagte man in Erinnerung an die früher dort vorhandene Richtstätte), zwischen dem sich eine feste Turntreppe und ein Schwebebaum befanden, die weit mehr von der Jugend, als vom Militär in Anspruch genommen wurden. Etwa vor der jetzigen Säuglings-Heilstätte standen eine Kletterwand und ein hohes Turngerüst mit Kletterseilen und -stangen, die ebenfalls als privilegiertes Eigentum der Jungen betrachtet wurden.

Begann das militärische Turnen, dann tauchten noch Sprungkästen, Barren und sonstiges Turngerät auf, von dem nur gelegentlich die verwegensten und flinkfüßigsten Rangen Besitz ergreifen konnten, sonst gab es leicht etwas mehr als einen Verweis. Das Drillen der Rekruten sowie das Fechten und Exerzieren der älteren

Jahrgänge — nichts entging den nacheifernden Schülern, die alles Gesehene später sofort selbst erprobten.

Das wurde nicht etwa so leichthin erledigt, Nein, es wurden ein Hauptmann, ein Feldwebel und auch Unteroffiziere ernannt, deren Befehlen sich unterzuordnen es galt. Auch an Ausrüstung fehlte es nicht. Als Kopfbedeckung dienten ausrangierte Soldatenmützen, als Gewehr überflüssige Ladestöcke der alten Zündnadelgewehre. Die Säbel waren primitiv aus Holz selbst gezimmert, nur daß sie zur Vervollständigung wieder mit alten Säbeltroddeln versehen wurden. Dafür sorgten die guten Beziehungen zu den militärischen Hausgenossen, die für ihre ewig appetitfreudigen jungen Freunde — die damals noch recht genügsam waren — immer ein Stück, wenn nicht gar ein ganzes Kommißbrot übrig hatten.

Der Dienst wurde mitunter gar zu ernsthaft nachgeahmt und erstreckte sich sogar gelegentlich auf Nachtpostenstehen. Allerdings war nicht jeder Junge immer in der Lage, einen solchen Befehl auszuführen, und wer es aus Respekt vor geforderter Subordination dennoch tat, fand dafür bei der Heimkehr ins Elternhaus, kurz bevor „Vater Kramer", der städtische Nachtwächter, das Haustor schloß, wenig Verständnis oder gar wohl auch recht schmerzhaften Lohn, der auf den nächsten „Nachtdienst" verzichten ließ.

Die Hauptzeit für solche und andere Betätigung „an der Mauer" bildeten natürlich die großen Sommerferien. Die militärischen Uebungen gewannen dann noch einen erhöhten Reiz, als an jedem Vormittag um die 11. Stunde der Kronprinz im offenen Zweispänner, vom Neuen Palais kommend, „an der Mauer" entlang zur Militär-Schwimmanstalt fuhr, um mit seinen Soldaten sich im Wasser zu tummeln und allerlei Kurzweil zu treiben, in dem er nach Geldstücken, gekochten Eiern tauchen ließ usw. Die Jungen kannten die Stunde, um die „ihr Fritz" zu kommen pflegte. Nahe den Pappeln erfolgte dann Aufstellung in geordnetem Reih' und Glied, bis der „Herr Hauptmann" seiner zum Teil barfüßigen Mannschaft strengen Tones kommandierte: „Stillgestanden! — Faßt das Ge — wehrrr — an — Achtung — präsentiert das Gewehr! Augen rechts!" Das klappte nur so, und während der Herr Hauptmann seinen Holzsäbel senkte und die Mannschaft bei präsentiertem Ladestock keine Miene verzog, fuhr der belustigte Kronprinz, zum freundlichen Gruße die Hand an die Mütze legend, lächelnd vorüber.

Ja — das Soldatenspiel „an der Mauer" wurde doch bei weitem ernsthafter betrieben, als irgendwo sonst. Es erstreckte sich sogar bis auf die abendliche Instruktionsstunde, wenigstens insoweit dazu auf der Straße Signale geblasen wurden, mit deren Bedeutung man bald vertraut wurde, und endete oft erst mit dem von der Jägerkaserne her ertönenden Signal: „Zu Bett, zu Bett, zu Bett."

Daß man keineswegs einseitig war und etwa im militärischen Drill aufging, dazu verleitete schon die als Spielplatz einzig geartete ausgedehnte und hindernisfreie Promenade „an der Mauer". Sehr verbreitet war das Murmelspiel, dem in streng getrennten „Klubs" gehuldigt wurde, deren feindliche Mitglieder gar oft die Gegner heimsuchten, um unter dem Kampfrufe: „Patern ist frei!" mit kühnem Griff ein paar Murmeln zu mausen. Geschah dies nicht flink genug — trotz allgemeiner beträchtlicher Uebung in solcher Ueberrumpelung —, dann wurde dem verwegenen Räuber seine Beute auch wohl mit dem Gegenruf: „Und eine Backpfeife dabei!" — wieder entrissen, wobei es dann auch oft zu einer regelrechten, durch die Spielgefährten verallgemeinerten Balgerei kam. Im „Stelzlaufen" suchten Jungen und Mädchen einander zu überbieten, auf einem und auf zwei Beinen, während „Flitzbogen" und „Pustrohr" ausschließliches Vorrecht der ersteren

waren. Dazwischen gab es Beschäftigung mit
Tauben, Kaninchen und weißen Mäusen. Für
diese hatte ein guter Freund einen Glaszwinger mit
Drehtrommel hergestellt. Als eines Tages die
Hauskatze der ganzen Herrlichkeit ein schnödes
Ende bereitete, und man den Unfall scheu verheim-
lichen wollte, scheiterte dieses Bestreben an dem
unholden Betragen der ins Küchenspind entwiche-
nen Flüchtlinge. Mit den Tauben gab es zuerst
Not mit dem „Scheuchen" und, schwärmten sie
endlich, eine ständige Angst um den Stößer, während man bezüglich der im Torfstall (Torf aus
dem Golmer Bruch war viel begehrt) sich un-
heimlich vermehrenden Kaninchen, die sonst weiter
nicht eingesperrt wurden, aus der Verwunderung
gar nicht herauskam. Einen Hauptspaß bereitete
auch das viel verbreitete Aufpusten und Fliegen-
lassen in allen Regenbogenfarben schillernder
Seifenblasen; gern von Knaben und Mädchen
wurde auch „Humpelbock" gespielt, lockte doch als
Ziel der Sprung in den „Himmel". Auch „ge-
trieselt" wurde viel, aber mehr von den Mädchen.
Großen Spielraum nahm ebenfalls das Ballspiel
in allen möglichen Variationen ein. Wurden dazu
Löcher „gebuddelt", dann drohte wohl ein gemäch-
lich rauchend aus dem Fenster blickender Polizei-
sergeant — strammer Polizeidienst, wie heute, war

noch unbekannt, es genügten noch recht wenige Beamte, die sich aber doch namentlich bei der Jugend gehörigen Respekt zu verschaffen wußten, wenn auch nur, bis sie den Rücken wendeten — drohend mit der langen Pfeife. Er war auch nicht gar zu scharf, sondern war ein rechter „Tausendfreund".

Man wußte sich zu helfen und ging einstweilen zum „Treibball" über. Flog dabei ein Ball über die Mauer, dann war Holland in Not. Wer sollte ihn zurückholen? Das war die stetige heikle Frage, denn darüber, was „hinter der Mauer" sich für Geheimnisse bargen, herrschten die unklarsten Vorstellungen. Es galt, sich zunächst auf die Mauer hinaufhelfen zu lassen und dann an einem der zwei, nahe der erwähnten militärischen Kletterwand von drüben hinüberlugenden Linden — oder waren es Rüstern? — hinunter zu klimmen. Dann mußte der Ball doch auch noch gesucht werden. Wie leicht konnte es dem Verwegenen, der, von den Gefährten durch die hohe Mauer getrennt, auf sich selbst gestellt war, an den Kragen gehen durch irdische Kräfte oder wohl gar spukhafte Geister, denn auf dem Stieffschen Sumpfgebiete war es, so flüsterte man sich ängstlich zu, manchmal doch nicht ganz geheuer, schon wegen des Galgens, der in seiner unmittelbaren Nähe vormals errichtet war. Als Held gefeiert und bei der Rückkehr respektvoll begrüßt wurde dann auch der mutige Gefährte, der selbstbewußt den Ball zurückbrachte. — Wo war auch bessere Gelegenheit, eine Schaukel zu befestigen, als zwischen den Pappeln „an der Mauer". Ein langer Strick mit aufgelegtem Brettstück — es ging aber auch ohne trotz schmerzhafter Einschnitte an empfindsamer Stelle — genügte, um sich gehörig in Schwung bringen zu lassen. Bekam es mancher nicht hoch genug, so schlug er auch wohl einen Purzelbaum und überließ mit blutender Nase dem bereits gierig harrenden Nachfolger seinen luftigen Sitz. — „Brummteufel", heute kaum noch „in Betrieb", wurden in primitivster Weise selbst hergestellt, wozu man das erforderliche Roßhaarmaterial vor den Haustüren haltenden Pferden einfach — es genügten einige wenige Haare — mit fixem Ruck aus dem Schweif riß. Geschah dies ungeschickt, dann setzte sich das gepeinigte Tier mit einem kräftigen Huftritt zur Wehr, und der also Gemaßregelte eilte mit blutendem Munde und gelockerten Zähnen heulend hinter die bergende Kletterwand, einesteils aus Furcht vor dem zornigen Roßlenker, aber auch vor elterlicher, wohlverdienter Strafe — daran fehlte es in der Regel nicht. — Den Spott der geübteren Genossen bekam er gratis hinzu. Daß er eine tierquälerische Schändlichkeit begangen hatte, kam dem kleinen Sünder gar nicht zum Bewußtsein. — Abends nahm man auch mitunter die Mädchen zum „Fürcht' Euch nicht vor'm schwarzen Mann — auch nicht vor'm roten Pfennig", „Abklatschezeck oder ähnlichen Gesellschaftsspielen" gnädig auf. Bei der einbrechenden Dunkelheit begann die Hatz um das holländische Karree im „Räuber-" und Stadtsoldat"-Spiel.

Eine scharfe Witterung hatte man für die Polterabende. Wenn die Höhe der Scherbenmengen, die den Brautpaaren als Huldigung dargebracht wurden, für das Eheglück maßgebend war, sie müssen sich wie im Paradiese gefühlt haben. Es wurden ganz außerordentliche Leistungen vollbracht. — Eine Fluß-Badeanstalt, wie die Jackertsche, würde sicher auch heute noch das Herz des Potsdamer Jungen erfreuen. Sie befand sich am Küsselufer und unterhielt ständigen Handkahnverkehr vom Kiez; Hin- und Rückfahrt nebst Bäderpreis zusammen kosteten nur einen Sechser. Riskierten naseweise „Badeengel" hinter dem Rücken des Fährmanns drüben eine kleine Extra-Kahnpartie ins Blaue hinein, so kam es vor, daß ihren ungeschickten Händen das schwere Ruder entglitt und sie in dem direktionslos stromabwärts treibenden Fahrzeug laut um Hilfe schrien, in

Befürchtungen eines „Schiffzusammenstoßes" mit größeren Lastkähnen. — Im holländischen Viertel wohnten auch stets viele Maurer und Zimmerleute, zu deren zunftgemäßer Quartalsfeier jedem ein Musikständchen dargebracht wurde. Das gab ein Gaudium in der Nachfolge von Haus zu Haus. — Weihnachtsmarkt seligen Angedenkens und das Schützenfest auf den Schubotzschen Wiesen mit Picknick im Familienkreise unter den Eichen des Brauhausberges auf dem jetzigen Kriegsschulgelände, zu dem eine Reihe aufgefahrener Bierwagen faßweise den erforderlichen Gerstensaft lieferten, schufen weitere Extrazerstreuungen.

An Kurzweil fehlte es aber auch nicht in sonstiger Beziehung.

Es waren keine Schlafmützen, die damaligen Jungen „an der Mauer". „Helle", wie sie vielmehr waren, entging ihnen kein Ereignis, das Unterhaltung zu verschaffen wußte. Dazu mußten u. a. einige Potsdamer Originale besonders herhalten. „Der schöne Albert", der einst bessere Tage gesehen hatte, war ein solches besonderer Art. Ohne einen halb gefüllten Sack auf dem Rücken war er nie zu sehen. Er wußte genau, welche Truppe mit Musik zum Bornstedter Felde ausrückte und wechselte die Soldatenmütze je nachdem, um sie in dieser harmonierenden Kopfbedeckung hin und zurück zu begleiten. Zog „Fritze Krohne", ein kleines verhunzeltes Männchen, aus dem Armenhause einen Handwagen mit Tonnen oder dgl. vorbei, so genügte es, ihm neckend seinen Namen nachzurufen, daß er in helle Wut geriet, die losen Spötter verfolgte und ihnen auch einmal eine Tonne nachwarf. Einem Leidensgefährten von ihm erging es kaum besser. Sobald das ebenso wunderliche Original auftauchte, ertönte der Singsang: „August Thran, sitzt in'n Kahn —". Er ließ diese harmlos gemeinte Anulkerei wesentlich friedfertiger über sich ergehen. Sich umwendend, drohte er nur mit dem Finger. Und dann „Eckenkieker Nante". Er wurde lediglich angestaunt, weil er an jeder, aber auch an jeder Ecke stehen blieb, um sich umzuwenden und hochwichtig nochmals „um die Ecke zu kieken". Zwei andere Originale waren die ersten Radler auf dem Hochrad, die meist in den Abendstunden „an der Mauer" entlang pendelten. Sie verblüfften selbst die Alten, die — in Verkennung der Zukunft dieses jetzt so allgemein verbreiteten Verkehrsmittels — sich bedeutsam vor die Stirn tippten. Man sprach es auch überzeugungsvoll aus: „Da kommt er schon wieder, der verrr — — X — —. Diese anzügliche Bemerkung auf X hatte auch noch einen anderen Grund. Im Schaufenster seines

Zigarrenladens in der Brandenburger Straße brannte eine Flamme, die er gelegentlich in demonstrativer Absicht nur deshalb mit einem blutroten Zylinder versah, damit ein roter Schein auf den Bürgersteig fiel, welchen letzteren er auch zeitweise mit rotem Kies überstreute. Er bekam es auch fertig, sich mit einer Angel an den offenen Rinnstein vor seinen Laden zu setzen und dann, wenn ein übermütiger Frager wissen wollte, ob er denn auch etwas fange, listig die Angel mit einem vorher am Haken befestigten Hering herauszuziehen. Mit seinem Hauswirt hatte er einen Mietsvertrag abgeschlossen: „Wer kündigt muß ziehn", auf welchen Passus er sich auch ganz ernsthaft berief, als ihn die Kündigung traf — natürlich ohne Erfolg. Auch sonst wußte er in mannigfacher Beziehung als humoristisches Original von sich reden zu machen, wovon man hier aber nicht ausführlich erzählen kann. An der Weste trug er als Knöpfe kleine Totenköpfe und am 18. März, dem damaligen Erinnerungstage an die Berliner Barrikadenkämpfe, malte er ein fein niedliches, weißes Terrierhündchen rot an. — Voll ernster Scheu blickte man dann wieder auf Arbeitshäusler — bis zum Winter 1877/78 war hier ein Arbeitshaus, das dann nach Strausberg verlegt wurde —, die sich mit einem Tragekorb durch die Stadt bewegten, um einen Kranken aus der Wohnung ins Krankenhaus zu befördern — "in den Affen", sagte der Volksmund —, warum, ist unerfindlich. Das Städtische Krankenhaus hatte damals noch keinen Zugang von der Türkstraße, sondern war, hinter der Stadtmauer gelegen, nur vom Armenhaus-Grundstück zu erreichen. Arbeitshäusler waren die Helfer der Krankenwärter in der Männer-Abteilung. Die Beköstigung der Kranken geschah aus der Armenhausküche, kurz, es kann in seiner damaligen Gestalt nicht entfernt mit seiner heutigen modernen Einrichtung verglichen werden, und mutete deshalb für viele recht unbehaglich an. Die Arbeitshäusler, in Kniehosen und langen grauen Strümpfen, wurden auch als Straßenkehrer und Wasserholer aus dem Stadtkanal für das Publikum verwendet, dem sie das Kanalwasser gegen Entgelt in einem großen Faß für Wasch-zwecke zuführen. — Wie verführerisch erklang der Ausruf der mit Pferd und Wagen zur Abendzeit auftauchenden Händler: Bücklinge, Bücklinge, drei und vier Stück fürn Groschen!" oder die Anpreisungen anderer: "Ra — di — sa — Rettijel" Tüdel, tüdel, tüdel — tüt —". Wenn diese lockenden Flötentöne erklangen, dann wußte jeder Junge, "der Lumpenmatz" ist da, und es begann eine Suche nach allen erlaubten und auch — zum Entsetzen der Mütter — gelegentlich unerlaubten Stoffresten u. dgl., um in den Besitz von „Kirschsteinen" (buntgefärbten Zuckerstückchen in Form von Kirschkernen) und Abziehbildern zu gelangen, während den Müttern mehr an Band, Zwirn und Nadeln lag. Die Musik der armen Leute sorgte für weitere Erlebnisse, noch dazu, wenn „stimmungsvoller" Gesang dazu ertönte oder ein possierlicher Affe in blauem Jäckchen mit blanken Knöpfen dazu auf der Orgel herumsprang. Die Garde-Offiziere in ihren eleganten Wagen, die von prachtvollen Pferden gezogen waren, wählten mit Vorliebe die schattige Chaussee unter dem Laubdach der Ahornbäume, sie benutzten sie auch im Winter beim großen Schlittenkorso mit vorauffahrender Musikkapelle. Daß es bei dem Ausrücken der Truppen nach dem Bornstedter Felde und bei der Rückkehr unter der Jugend „an der Mauer" viel Bewegung gab, war selbstverständlich. Mußte doch die Musik begleitet werden, so weit als möglich.

Damit waren die Unterhaltungsgelegenheiten „an der Mauer" noch keineswegs erschöpft. Es gab noch nicht so viele Hinterhäuser und Werkstätten auf den Höfen wie heute. Dafür aber verlockende Obstgärten. Nahte die Reifezeit, dann

wurden schnelle Freundschaften geschlossen mit Obst=
besitzerssprossen, um durch sie mit in den elter=
lichen Garten zu gelangen, da viele doch nur einen
kleinen Ziergarten oder auch nur einen Flieder=
baum auf dem Hofe hatten. Wie lieb und wert
aber selbst dieser bescheidene Hofschmuck eingeschätzt
wurde, bewies der Wunsch einer in der Berliner
Charité nach schweren Leiden ihrer Auflösung ent=
gegen sehenden jungen Witwe, sie möchte nach
Hause, noch einmal unter den elterlichen Flieder=
baum, bevor sie scheiden müsse. Ihr Wunsch
wurde ihr erfüllt. Sie konnte unterm Fliederbaum
noch einmal ihren einzigen Sohn ans Herz drücken,
bevor sie die Augen auf immer schloß. — —

Die soldatischen Uebungen wurden auch in die
Tat umgesetzt gelegentlich der damals leider arg
eingerissenen „Schülerschlachten", die am Bassin oder
auf dem Wilhelmplatz zwischen Gymnasiasten und
Elementarschülern lange Zeit regelmäßig recht er=
bittert ausgefochten wurden und viel Aergernis
schufen, da auch völlig Unbeteiligte sich wohl oder
übel gegen Verfolger zu wehren hatten. —
Wie oft kam es damals vor — heute erlebt man so
etwas gar nicht mehr —, daß ein „Bulle" sich von
seinen Treibern losriß, und die Jugend schreiend
davon raste, um hinter einer schützenden Tür
Deckung zu finden vor dem rasend daher stürmen=

den Ausreißer. Viehtransportwagen waren noch nicht üblich und der Treiberdienst noch nicht so strengen Vorschriften unterworfen, wie heute. So konnte es denn bei Schulverspätungen vorkommen, daß die Entschuldigung — mitunter auch ohne Berechtigung — ganz keck lautete: „Ich habe mich verspätet, es war ein Bulle durchgegangen —!"

Es war in vielfacher Hinsicht eben eine ganz andere Zeit, wie heute. Noch gab es die offenen, zwischen den berüchtigten „Katzenkopfsteinen" des Bürgersteiges und dem chaussierten Damm befindlichen Rinnsteine, zu deren gemeinsamer Säuberung die Hauswirte pünktlich um 7 Uhr vor ihren Haustüren anzutreten hatten, um sich gegenseitig den Inhalt zuzufegen und die verschiedenartigen „Fremdkörper" auf den Damm abzusondern, in Bereitschaft für die Straßenkehrer. Wurde auch aus den öffentlichen Straßenbrunnen nachgespült, es kann dennoch nicht behauptet werden, daß es dabei gerade nach Treu und Nuglisch roch. Das war auch nicht der Fall, wenn die Schlauchwagen eintrafen, um den Inhalt der stillen Oertchen aufzusaugen und fortzubefördern zur Düngung der Aecker, denn „Waterklosetts" waren noch ebenso fremde Begriffe, wie Ent- und Bewässerung samt moderner Straßenbeleuchtung, und in den Wohnungen brannten noch messingene Oellampen, die in primitiverer Form auch in den Küchen verwendet wurden. Hier taten es offene Blechlämpchen, deren Docht mit einer Haarnadel oder dgl. nachgezogen wurde, wenn er anfing zu schwelen, über dem offenen Kochherd, der im immer erneuerten Rotanstrich in Sauberkeit prunkte. Die Parterrefenster besaßen noch keine Rolljalousien, sondern sie wurden durch verschraubbare hölzerne Fensterladen bei Anbruch der Dunkelheit geschlossen, wobei dann die freigewordenen Eisenklammern, die die Laden tagsüber an der Hauswand festhielten, als Signale für die draußen von ihren Herzensschätzen — meistens von zweierlei Tuch — erwarteten Haustöchter verwendet wurden, was kleine Brüder bald entdeckt hatten, um durch heimliche Nachahmung Anlaß für harmlose Neckereien zu finden.

Es war auch die Zeit, in der noch das Wort galt: „Wer den Pfennig nicht ehrt, ist des Talers nicht wert" und die Kindeshand durch eine Dreierspende beglückt werden konnte. Gab es doch für einen Dreier jedes der geläufigeren Spielzeuge und Näschereien, so „Triesel" (Kreisel), Glaskugeln, Johannisbrot, Lakritze, Süßholz, 1 Stange „Naute" usw., für sechs Dreier schon beim Schlächter Fleisch zum Mittagsgericht und für'n Sechser „warme Semmelwurst" zum Abendbrot.

Die Spielgrenzen „an der Mauer" endeten nach der einen Seite am Nauener Tor, wo der gestrenge Herr Steueroffiziant Pfeife rauchend an seinem Schubfenster saß, um Schlacht- und Mahlsteuer einzuziehen, welche letztere oft vor den Festtagen umgangen wurde, indem billigeres Weizenmehl für den Kuchenbedarf in kleinerer Menge aus Bornstedt oder Neuendorf eingeschmuggelt wurde. Die Jungen machten dabei den Pascherdienst, indem sie das Mehlbeutelchen in ihrer Schulmappe ganz harmlos, aber doch pochenden Herzens, an dem gefürchteten Schubfenster vorbei beförderten, um gleich darauf im Sturmschritt, aus Angst, der Gestrenge könnte doch etwas gemerkt haben und einen oder den anderen beim Kragen nehmen, heim zu rennen, nun wieder mit geschwollener Brust kündend, daß das Heldenstücklein — um wenige Steuerpfennige riskiert — geglückt sei: „Es ist ja darum nicht", hieß es dann aus Mutters Munde zur Rechtfertigung, „nur das Mehl ist besser."

An der anderen Seite bildete die „Paddenbrücke" die Spielgrenze. Der Name der Brücke ist wohl auf das in ihrer Nähe vom Bassin her allabendlich vernehmbare Froschkonzert herzuleiten (Padde oder Paddex im Potsdamer Jargon = Frosch, Kröten). Sie verband den zum Heiligen See führenden Behlertgraben mit dem Bassin. D. h. nicht mit den heutigen Schmuckanlagen des Bassinplatzes, sondern mit dem wassergefüllten, an der Junkerstraße von einer Dornenhecke und jenseits von einer Wiese begrenzten Bassin. Es umspülte auch das historische Tabakshäuschen und seine Umgebung, so daß der dort wohnende „Pfänder" sein Inselchen nur mit einem Kahn erreichen konnte. Der gestrenge „Pfänder" war ebenso gefürchtet, wie auch zur Birnenzeit beliebt. Dann hieß es: „Vater Fetting, werf' uns doch 'n paar Birnen herüber. Die Schelme taten selten eine Fehlbitte, und wenn die saftige Beute auch, in 4 Stücke zerplatzt, aus dem reichen Vorrat der Insel ans jenseitige Ufer eintraf. Bei der entstehenden Katzbalgerei trudelte gar mancher die Böschung hinunter. Ganz anders die Situation, wenn man auf einen Baum geklettert war und der „Pfänder" von unten drohend rief: „Komm' mal sofort runter, du Rangel" Zu der katholischen Kirche waren noch nicht einmal die Grundbrunnen errichtet, auf denen sie heute steht. Die „Paddenbrücke" galt für die Jugend nur als Grenze in gerader Richtung der Stadtmauer. Das, oder wie die

Jungen ihn volkstümlich umgetauft hatten, „der" Baſſin wurde natürlich oft in die Spielgrenze mit einbezogen. Galt dies ſchon im Sommer, wenn man dort herumwatete oder ſich an und in der Iſchocheſchen Gerbereiarche zu ſchaffen machte, ſelbſtgefertigte Boote ſchwimmen ließ, z. T. mit Dampfbetrieb, bzw. ſich auf der Wieſe und im Gebüſch ſo lange umhertummelte, bis der Alarmruf erklang: „Der ‚Pänder' kommt!" (beliebte Abkürzung für „Pfänder"), ſo noch in vermehrtem Maße zur Winterszeit, wenn der Froſt das Gewäſſer in ſtarren Bann geſchlagen hatte. Dann wurde auf den Hausböden nach Schlittſchuhen geſucht, die oft gar nicht paarweiſe paßten, auch meiſt ſchon ſtark unter Roſt gelitten hatten, und zu denen oft die Riemen fehlten; ſie hatten nämlich bis dahin nur Erwachſenen gedient und waren daher viel zu groß. Was ſchadete das! Wenn nur 2 Exemplare zuſammengefunden waren, über das andere half eigene Erfindungskunſt und der Beiſtand findiger Spielkameraden hinweg. Dann begannen auf der immer währenden Freibahn des Baſſin die erſten ſchüchternen Laufverſuche. War man über dieſe glücklich hinweg, dann ſchritt man zu Beobachtungsausflügen nach dem Behlertgraben, von wo erſehnte Einblicke in das myſteriöſe Gelände „hinter der Mauer" geſtattet waren. Dieſe Gelegenheit weidlich auszukosten, war Ehrensache. Und was wußte man davon später denen zu erzählen, die nicht dabei waren — Wunderdinge, die jene gar neidisch aufhorchen ließen. Weiter bis zur Behlertbrücke galt die Freitour — wenn auch diese schon unerlaubt — nicht. Wer darüber hinaus zum Heiligen See wollte, um auf dieser Elite-Eisbahn, wo die Offiziere mit ihren Damen nach den Klängen der Militärmusik Tanzreigen aufführten, und es auch somit viel zu schauen gab, der mußte entweder einen Groschen zur Verfügung haben oder die Kasse „umgehen", um an einer unbewachten Uferstelle heimlich gratis ans Ziel zu gelangen. — — Kam dann Tauwetter, dann begann auf dem Bassin das, oft schon auf dem Schulwege eifrig betriebene „Schollenlaufen". Plumpste dabei einer ins Wasser, und war er der kühlen Flut glücklich durch eigene Kunst oder mit fremder Hilfe wieder entrissen — allzu tief war „der" Bassin ja nicht —, so ging es im Laufschritt in die Backstube zum Bäckermeister Schwahn an der Ecke der Mittel- und Kreuzstraße, wo ein für alle Male gütige Fürsorge getroffen war, daß die Nässe durch Trocknen der Kleidung und des ganzen kleinen Kerls wieder beseitigt wurde. Inzwischen war die Nachricht aber doch meist ins elterliche Heim gedrungen, und dann fand das Erlebnis meist noch einen recht tragischen Abschluß auf dem Hosenboden. — —

Jugenderinnerungen an ein Traumland, das nun schon längst versunken ist. Heute hat die moderne Zeit mit Sport, Kino und sonst noch allerlei das Wort, und die Jugend zollt dieser ihren Tribut, um im Silberhaar dereinst vielleicht mit ähnlichen Reminiszenzen sich zurückzuversetzen in die Zeit, wie einst sie war. — Und sie wird viel zu erzählen haben.

Potsdams Entwickelung in der Teltower Vorstadt.

Das 50jährige Bestehen des astrophysikalischen Observatoriums erinnert an die Entwicklung, die die Teltower Vorstadt in den letzten 50 Jahren im allgemeinen genommen hat.

Die Errichtung der Observatorien auf grüner Waldeshöhe hatte ihr mit einem Schlage eine weltumfassende Bedeutung gegeben. Dann wirkte aber besonders der Bau der imposanten Kaiser-Wilhelm-Brücke an Stelle der altehrwürdigen Langen Brücke maßgebend für eine völlig umwälzende Andersgestaltung der Vorstadt. Die hinderlichen Zugklappen der Langen Brücke waren in Wegfall gekommen und der Schiffahrtsverkehr wurde nach Regulierung der Havel und nach Ersatz der bisherigen Eisenbahn-Drehbrücke durch die ebenfalls ungehindert freie Durchfahrt gewährende neue Brücke gefördert. Es fiel das Teltower Tor, neben dessen noch bestehendem Wachtgebäude die stolze Anlegestelle der Sterndampfer entstand und das Eisenbahnhotel mit großem Konzertgarten errichtet wurde. Um-

wälzend wirkte der Brückenbau auch auf die
Bahnhofsanlagen sowie auf die Zugangsstraßen
zur Brücke, die angehöht werden mußten und
wiederum eine Unterführung der Bahngleise er-
forderten. Auch die Betriebswerkstätten der
Eisenbahn erfuhren Um- und Neubauten, gleichwie
der Bahnhof selbst und seine Zufahrtsstraße mit
Vorplatz, Vorparkanlage, Normaluhr und
Droschkenhalteplatz. Hand in Hand damit erfolgte
die Erschließung der Babelsberger Straße an
Stelle der früher nur bis zu den Mühlenhäusern
führenden Strecke.

Um die Aufschüttungen zu ermöglichen, mußte
der Berg zum Tal kommen, d. h. es wurde das
Berggelände hinter dem Schützenhause abgetragen
und mit Loribahn an Ort und Stelle hinabbeför-
dert. Die Schützen gewannen dadurch ebenes Gelände zur Verpachtung an die den Schützenplatz
besuchenden Geschäftsleute. Dieser Ersatz wurde
wieder notwendig, weil die Schubotzschen Wiesen
durch die Aufschüttung der Saarmunder Straße
in die Versenkung geraten waren. Es hörte hiermit auch der schräg über sie führende Abkür-
zungsweg zur Leipziger Straße auf. Ebenso ver-
schwanden die Friseur-, Zigarren- und Selters-
wasserbuden von Teubner, Singer und Lützow,
die vor und hinter dem bisherigen Bahnübergang

viele Jahre etabliert waren. Sie haben mit der Zeit modernen Ersatz gefunden. Eine Art Scheunenviertel, das einige Jahre auf den niedrigen Schubotz=Wiesen errichtet war, wurde durch eine Feuersbrunst zerstört und nicht wieder aufgebaut. Jetzt befindet sich unten der große Lokomotivschuppen mit ausgedehntem Kohlenlagerplatz.

Die Leipziger Straße, früher nur durch die ausgedehnten Gebäude der Brauerei von Adelung und Hoffmann, das Proviantamt und die Dampfmehlmühle beherrscht, bzw. auch durch den alten „Gasthof zur Stadt Wittenberg", „Petershöhe", die „Wackermannshöhe" und die Badeanstalt, gewann ein belebteres Bild durch Errichtung des Städtischen Schlachthofes und des Wasserwerks II, bis darüber hinaus später noch die Kolonie Cecilienhöhe mit ihren freundlichen Landhäusern erstand, der gegenüber sich neuerdings noch eine Waldsiedelung angegliedert hat. Durch jene ging ein Wäldchen ein, das man bis dahin talabwärts durchqueren konnte, um auf abgekürztem Wege zum Neuen Tornow bzw. auf die Straße zum Alten Tornow und Templin zu gelangen. Weitere Kolonistenanlagen folgten neuerdings auf der anderen Waldseite der Templiner Chaussee. Im Walde selbst wurde der so lange versteckt liegende Selbstmörder=Friedhof in einen übersichtlichen, freundlichen, allgemeinen Forstfriedhof umgewandelt. Eine Waldstrecke weiter wurde ein großer Müllabladeplatz eingerichtet. Stolz beherrschen die Havellandschaft die humanitären Baulichkeiten von Hermannswerder mit Kirche und Anstaltsgebäuden, das villenartig bebaute Gelände des Küssel und die Holzhaussiedlung der Vorderkappe.

Durch die Aufschüttung der Saarmunder Straße wurde nicht nur ein Teil der Leipziger Straße, sondern auch der Alten Königstraße, der bis zur Anlage der Babelsberger Straße alleinigen Verbindungsstraße mit Nowawes, in Mitleidenschaft gezogen, indem einige Gebäude in die Versenkung kamen. Wie aber in der Leipziger Straße, so entstanden auch in der Alten Königstraße anderseits moderne Neubauten, so das schmucke Geschäfts-Eckhaus an der Saarmunder Straße, das Paul-Hoffmann-Stift, das neue Schulhaus, auch solche in der Friedhofsgasse. Hinter der Oberförsterei aber entstand ein völlig neues Straßenviertel mit modernen Balkonhäusern, das sich fortsetzt bis zur Eisenbahner-Kolonie „Daheim", die von Kolonistengärten romantisch umrahmt wird. Die Straßenbahn verbindet durch die Alte Königstraße doppelgleisig Potsdam mit Nowawes.

In der Saarmunder Straße ist die alte Kadettenanstalt einem imposanten Neubau gewichen, der jetzt die staatliche Bildungsstätte birgt und einen wirksamen Kontrast bildet zu der vom Brauhausberge herab grüßenden, die Landschaft weithin beherrschenden Kriegsschule. Neben den alten Häuschen auf der Waldseite der Saarmunder Straße sind auch hier moderne Miethäuser nahe den Friedhöfen entstanden.

Die Friedhöfe selbst haben ebenfalls in den letzten Jahrzehnten große Wandlungen durchgemacht. Der alte Friedhof erfuhr eine Verjüngung durch die dort verpachteten Wahlstellen, der neue Friedhof mußte waldeinwärts erweitert werden, dessen höchsten Gipfel der Ehren-Friedhof einnimmt. Der obere Friedhof ist inzwischen schon wieder belegt, so daß der untere erneut in Anspruch genommen werden muß. Das ist in einer Weise geschehen, die der modernen Friedhofs- und Gartenbaukunst große Ehre macht. An Stelle der eintönig wirkenden, eng aneinander gefügten Reihengräber mit schmalen Zwischengängen ist jetzt auf eine parkähnliche Anlage Bedacht genommen worden. Breite Längs- und Querwege, umsäumt von grünem Heckenschmuck, werden unterbrochen von Schmuckplätzen. Es befinden sich nicht nur sauber gestrichene Bänke an den

Wegen, sondern die Verteilung der Grabstätten gestattet auch noch die Beschaffung privater Ruhesitzgelegenheiten neben den in angemessenen Zwischenräumen angelegten Grabstätten in Form von Hockern, Lehnstühlen, Bänken u. dgl. Die Stätte der Toten verliert durch diese Anordnungen den früheren düsteren Eindruck. Auch die auf beiden Friedhöfen errichteten Leichenhallen tragen der Würde ihres Zweckes angemessen Rechnung.

Vor dem Neuen Friedhofe, längs der Mauer vom Eingangsportal bis am Abschluß gegenüber dem Kleinen Exerzierplatz, ist das Waldgebiet beseitigt und umgearbeitet worden. Neben einer kleinen Baumschule erblickt man ausgedehntes Ackerland, das mit einer Rosen- und Akazienhecke eingefriedigt ist, die indes erst in der Entwicklung begriffen ist. In der Fortsetzung bis Forsthaus Sternschanze wachsen neue Siedlungen aus ehemaligem Waldgebiet heraus und leuchten mit ihren roten Ziegeldächern z. T. bereits verheißungsvoll hervor. Hier ist ein Bauabschnitt Neu-Potsdam im Entstehen begriffen, der in späteren Jahren vielleicht die alte Idee der Herstellung einer Waldstraße von dort bis zur Leipziger Straße verwirklichen läßt.

Die letzten Jahrzehnte haben jedenfalls bewiesen, welche weitgehenden Entwicklungsmöglichkeiten die Teltower Vorstadt bietet. Solche in jeder Weise stets mit allen Kräften und großer Umsicht gefördert zu haben, ist nicht zuletzt ein Hauptverdienst des Bezirksvereins der Teltower Vorstadt, wobei nur an die Aufstellung von Ruhebänken auf dem Brauhausberge, die Anlage der dortigen Rodelbahn sowie an Besserungen von Straßenverhältnissen, Friedhofsanlagen, Bahn- und Postverkehr u. a. m., was ja aus den regelmäßigen Veröffentlichungen der Vereinssitzungen in der „Potsdamer Tageszeitung" am treffendsten zu erfahren ist, erinnert sei.

Möge die Teltower Vorstadt, für die neben dem schmucken Gemeindehause auf dem Brauhausberge auch eine Kirche in Aussicht genommen ist, auch weiter erfolgreich aufstreben zum Segen unserer geliebten Heimatstadt Potsdam.

Im schönen Havellande.

Im Naturgeschmeide der Sanssouci-Stadt Potsdam ist die Havel einem funkelnden Silbergurt vergleichbar, der der „Perle der Mark" die harmonische Fassung gibt. Man darf mit Recht fragen, ob Potsdam der bevorzugte Lieblingssitz der Hohenzollernfürsten und die begehrte Fremdenstadt geworden wäre ohne die vielfachen Seenbildungen der Havel rings um die ehemalige Fischeransiedelung „Potstupimi", die sich im Laufe der Jahrhunderte zur stolzen Residenz- und viel bewunderten Soldatenstadt zu entwickeln vermochte.

Der Flußlauf und seine romantischen Ausbuchtungen bespülen viele historische Ufer. Man denke nur neben der Stadt Potsdam selbst an die Pfaueninsel, Paretz, Babelsberg und Kleinglienicke — welche Erinnerungen werden geweckt an unauslöschliche Epochen vaterländischer Geschichte.

In weiter Ausdehnung spiegeln sich die herrlichsten Wald- und Parklandschaften in den Havelgewässern wider, und von den Uferhöhen grüßen Schlösser und Türme, Kirchen und Villen, die schon viele Fremde die Havel- mit der Rheinlandschaft vergleichen ließen. Außer Potsdam ist noch so manche andere Ortschaft durch ihre Lage an der

Havel gar bedeutsam emporgeblüht. Reizvollere Landschaften sind so leicht kaum in der Mark zu finden, und man spricht deshalb auch nicht umsonst von einem Havelparadies. Wenn da Sonnengeflimmer die Wasserläufe wie mit blendenden Diamanten bestreut erscheinen läßt, und die stolzen Havelschwäne diese glitzernde Flut durchqueren, oder die Sonne in wallenden Purpurschleiern des Abends nach vollendetem Tageslauf untertaucht, dann wird der Beschauer hinweggehoben aus aller Erdenschwere in eine höhere Sphäre ausgeglichener Harmonie.

Diese Stimmung auszukosten bieten sich Gelegenheiten in unerschöpflicher Fülle. Die Wasserfahrt in erster Linie. Dann aber auch die lohnenden Ausflüge längs der schilfumsäumten und waldbekränzten Ufer und das Ersteigen der zahlreichen Höhen und Aussichtstürme öffentlichen und privaten Charakters.

Eine Wasserpartie auf den Havelgewässern ist zu einem wesentlichen Programmpunkt geworden für jeden Fremdenbesuch, seien es Fürsten oder Privatgesellschaften, Kongresse oder heimische Vereine. In Erinnerung kommt da der Besuch des Königs von Italien, als vor dem Schlosse Babelsberg aus der Havel der „Geyser" seine Wassersäule stolz emporsprudeln ließ und im Rahmen einer italienischen Nacht bei Feuerwerk und bengalischer Beleuchtung die weite Havelfläche mit prächtig geschmückten Fahrzeugen dicht besetzt war, auf einem Dampfer der zur Veranstaltung einer Serenade berufene Potsdamer Männer-Gesangverein. Mit letzterem an Bord wurden auch englische Bürgermeister eines Tages durch die städtischen Behörden von Wannsee her im Dampfer nach Potsdam begleitet.

Wie bevorzugt die Wasserfahrten auf den Havelseen im Königshause waren, dafür spricht am besten die Errichtung der Königlichen Matrosenstation „Kongsnaes" unter Leitung des Yachtkapitäns Velten. Die Lustfahrten mit dem Dampfer „Alexandra" und der Segelfregatte „Royal Luise" sind noch in guter Erinnnerung, nicht minder die selbständigen Ruder- und Segelfahrten der Prinzen und in den letzten Vorkriegsjahren besonders auch die Segelfahrten des oft in Richtung Gatow kreuzenden Kronprinzen.

Wie Vereine und Kongresse ständig die Reize der Havellandschaft zu würdigen verstehen, so ist das gleiche auch der Fall bezüglich jedes Potsdam besuchenden Fremden und der gesamten heimischen Bevölkerung selbst, sei es im Dampfer, im Ruder-, Segel- oder neuerdings auch im Motorboot. Nicht ausbleiben konnte bei so günstigen Voraussetzungen auch das kräftige Aufblühen des Wassersports, dessen sich besonders die altbeständigen Klubs angelegen sein ließen, deren Zahl sich mit den Jahren fortgesetzt vermehrte. Wer von Privatpersonen sich kein eigenes Fahrzeug zu leisten vermag, für den besteht die Reihe von Bootsverleih-Plätzen. Die ernste Regsamkeit des Wassersports in jeder Eigenart beweisen zur Genüge die zahlreichen Regatten auf dem Zern-, Schwielow- und Wannsee sowie dem Jungfern- und Templiner See, auf welchem letzteren die Stadt Potsdam unlängst sogar ihr öffentliches Interesse durch Veranstaltung einer Deutschen Wassersport-Ausstellung bestätigt hat.

Aber auch dem Lastschiffahrtsverkehr war die Havel von jeher förderlich. Aeltere Generationen entsinnen sich wohl noch der schwerfälligen Fortbewegung der Havelzillen. Wenn die Bootsleute die langen schweren Ruderstangen in das Flußbett hineinstießen und den Griff gegen die Schulter stemmten, um ganz langsam Schritt um Schritt auf der Bordkante entlang zu schreiten, um das Fahrzeug vorwärts zu schieben, bis dann auf freiem Wasser und günstigem Wind wieder die Segel aufgestellt werden konnten. Die damals noch vorhandenen Zugklappen aller Brücken gestatteten ein Passieren ohne Kippen des Mastes, d. h. der kippte mitunter dennoch ungewollt, wenn die ungünstige Strömung an der Glienicker oder Langen Brücke dem Steuermann das Durchbugsieren durch die oben nur schmale Klappenöffnung erschwert bzw. unmöglich gemacht hatte. Derartige und ähnliche Havarie war früher gar nicht so selten zu beobachten, denn — der Sakrow-Paretzer Schiffahrtskanal existierte noch nicht — der ganze Schiffahrtsverkehr ging durch die Potsdamer Havel, die außerdem noch nicht so günstig reguliert war. Dazwischen bewegten sich die ebenfalls nur langsam vorwärts zu bewegenden schwimmenden Floßholztransporte. Dem Beschauer bot sich hier — auch bezüglich des buntbewegten Schifferlebens an Bord — mancherlei Kurzweil. Lebhaftes Interesse weckte auch das buntbewegte Leben an Bord der Märkischen Obstdampfer auf der Fahrt nach Berlin.

Wie auf dem Wasser, so herrschte auch innerhalb seiner kühlen Flut an schönen Sommertagen stets regster Betrieb. Es wurde zwar noch nicht soviel im Freibad geleistet, wie man es heute fast längs der gesamten Haveluser beobachten kann, auch der Schwimmsport betätigte sich noch nicht in heutiger fortgeschrittener Weise, aber in den vorhandenen Bade- und Schwimmanstalten herrschte dafür ein umso regsameres Treiben. Lebhaft beteiligte sich daran in der Militär-Schwimmanstalt zwischen seinen Soldaten auch Kaiser Friedrich als Kronprinz, obwohl auch besondere Königliche Badeanstalten an der Pirschheide und am Jungfernsee bestanden. Es gab sogar passionierte Schwimmer, die ihr Flußbad das ganze Jahr hindurch fortsetzten. Ihre erworbene Abhärtung gestattete ihnen, selbst in Eislöchern zu baden. Dies taten sie, wenn die Havel nicht frei war, auch an jedem Silvesterabend, um im Anschluß daran in der Badezelle bei dampfendem Punsch in fröhlicher Runde auf ein gesundes Neues Jahr anzustoßen.

Am Wasser entlang schwelgten die Ausflügler nicht minder gern in den Reizen der Havellandschaft. Kremserpartien bewegten sich auf der Chaussee nach Moorlake, Pfaueninsel und Wannsee in den Grunewald bis Schildhorn hin, wo sich alsbald eine riesige Wagenburg zusammenfand und wo auch für ausreichende Ausspannungsgelegenheit gesorgt war. Während der lustigen Fahrt wurde nach einer Ziehharmonika gesungen und der Durst aus einem am Wagengestell friedlich baumelnden Fäßchen Bayrisch gestillt, zu welchem Tropfen der Inhalt der reichlich mitgenommenen Stullenpakete vortrefflich mundete. Bei der Heimfahrt wurde die an sich schon fideler gewordene Stimmung noch gehoben durch die romantische Ausschmückung der grün behängten Wagen mit bunten Lampions. Die Fahrt verlief urgemütlich und ungestört, denn Autos, Fahr- und Motorräder existierten noch nicht. Daher entwickelte sich auch der übrige Wagen- und der Fußgängerverkehr, besonders rege am Himmelfahrtstage und zur Pfingstzeit, noch unter viel günstigeren Bedingungen — die Luft war staub- und geruchfreier. Gastliche Strandlokale, gleichzeitig Haltestellen der Dampfer, laden ein zu froher Rast und erneutem Betrachten der immer neuartigen Havellandschaft.

Der schwelgerische Naturfreund ist allmählich immer verwöhnter geworden. Er begnügt sich nicht mit dem Ausblick vom Fährkahn bzw. von den imposanten Havelbrücken, vom Boot oder vom Ufer, auch durch Waldlichtungen, sondern er ersteigt die verschiedenen Aussichtstürme, um ein Havelpanorama in weiterer Ausdehnung als Gesamteindruck genießen zu können. Er konnte dies zwar schon bisher von Höhepunkten der Umgegend in reichem Maße, so in Ferch, Petzow, Werder, Caputh, Phöben, Alttöplitz, Brauhausberg, Babelsberg, Nikolskoe und allen erreichbaren Kirchtürmen und Belvederen, an denen in Potsdam kein Mangel ist. Er hielt aber nachgerade doch — und sei es nur wegen der Abwechslung — eine erlesene

Auswahl. Da reizte nach seiner Errichtung besonders der nach seinem Erbauer benannte „Karlsturm" nahe der Baumgartenbrücke, von dem man durch verschiedenfarbiges Glas ringsum weithin nach Caputh, Ferch, Petzow, Werder und weit über Phöben hinaus, desgl. das Potsdamer Stadtpanorama bewundern konnte. Mit ihm konkurrierten später die auf den havelumflossenen Werderschen Höhen errichteten Aussichtstürme der Wachtelburg, der Bismarck-, Gerlach- und Friedrichshöhe, von denen man ringsum über 30 Ortschaften erblickt, durchflochten von dem Silberband der Havel. Kein Wunder, daß die Werderschen Höhen besonders zur Zeit der Baumblüte so viel begehrt sind. Alles bisher dagewesene überbietet aber die jetzt ermöglichte Vogelschau aus hohem Flugzeug.

Die Havellandschaft besticht aber nicht nur zur Sommerszeit. Nein, sie entwickelt auch bestrickende Reize an Wintertagen. Nicht nur der das idyllische Marmorpalais bespülende Heilige See weiß davon zu berichten, sondern auch die nach dem Verlassen des verbindenden Hasengrabens sich erschließende Jungfernseelandschaft lockt zur staunenden Bewunderung und zur Fortsetzung des Eislaufs zwischen Neuem Garten und Königswald bis zur Meierei und für wagemutige Schlittschuhläufer auch bis auf die übrigen Havelflächen gen Wannsee, Spandau und Berlin, andererseits in anderer Richtung nach den nicht minder malerisch umgrenzten Havelflächen nach Templin, Caputh und an Werder, Phöben, Marquardt, Nedlitz vorbei rings um Potsdam, ein Risiko voller Romantik, aber auch nicht ungefährlich, wie es u. a. auch die Prinzessin Friedrich Leopold erfahren mußte, die in einer offenen Stelle an der Phöbener Fähre in ernste Gefahr geraten war. Die Aufsichtsbehörden lassen es denn auch nie an dringenden Warnungen fehlen.

Selbst die Ueberschwemmungen, die die Havel in jedem Frühjahr beschert, haben ihren eigenen Reiz. Man besteige in solchen Tagen nur einmal den Reiherberg in Golm und halte Umschau. Fesselt von dorther schon immer das prächtigste Havelpanorama, so um solche Zeit doch ganz besonders das weite Ueberschwemmungsgebiet, das nur im Kahn oder mit hohen Wasserstiefeln zu passieren ist. Aehnlich wie in Caputh, bei Bornim und an anderen Stellen, selbst dicht bei Potsdam. Das Golmer und Caputher Ueberschwemmungsgebiet verleiten in dieser Zeit leicht zu Abenteuern. Scharf gefahndet wird auf Hechtestecher und Eiersucher, die namentlich bei Golm reiche Beute finden, da im dortigen Luch die verschiedensten

Vogelarten nisten. Von einer Eiernot soll einem on dit zufolge daher dort selbst zur Kriegszeit keine Rede gewesen sein, ein Umstand, der sich natürlich in allen Gegenden mit gleich günstigen Voraussetzungen wiederholt haben wird.

Von der wirtschaftlichen Nützlichkeit der Havel werden aber auch nicht nur unsere Berufsfischer und mit ihnen alle bürgerlichen Konsumenten zu berichten wissen, sondern auch die ungezählten Anglerscharen, die besonders rege auch aus Berlin — oft schon mit den Nachtzügen — hier eintreffen, um dann ihre erwähnten Plätze bei Caputh, am Schwielowsee, bei Werder, in der Wublitz bei Grube, bei Fahrland, Nedlitz, Sakrow und sonstwo aufzusuchen, um dann mit Geduld und — Würmern oder sonstigem Köder günstigen Zügen entgegenharren. Stumm und fügsam harren sie stundenlang aus, um nach beendetem Sport desto lustigere Einkehr zu halten im nahen Wirtshaus.

So bietet die Havel Genüsse der mannigfachsten Art, für Auge und Gemüt, für Erholung und Kurzweil. Wir Potsdamer aber wollen stolz sein, daß es uns vergönnt ist, zu leben und zu streben:

Am Babelsberger Strande
Im schönen Havellande!